Mansão dos Jovens

Mansão dos Jovens

Antonio Demarchi

espírito
Irmão Virgílio

"Mansão dos Jovens"

Irmão Virgílio

médium
Antonio Demarchi

20.000 Exemplares
do 1º ao 20º milheiro

Lúmen Editorial Ltda.
Rua Espírita, 64
São Paulo 01527-040 SP – Fone/Fax: (011)270-1353

Editoração Eletrônica e Capa – **Ricardo Baddouh**
Revisão – **Valeska Perez Sarti**
Fotolitos – **Postscript**
Impressão – **Gráfica Palas Athena**

fale com a Lúmen
e-mail **lumened@uol.com.br**

LÚMEN EDITORIAL

Agradecimentos

Agradeço a Deus, nosso Pai, e a Jesus, nosso Divino Mestre, pela vida e pelas bênçãos recebidas

A Chico Xavier, exemplo da caridade cristã e da humildade franciscana

A Marlene Saez, a amiga de todas as horas

A Celso Maiellari e Mirna Diamantina Santos, amigos e incentivadores do labor cristão

A Clarice e Joel Amaral, pela compreensão e apoio constantes

Aos meus filhos queridos, Nathália, Lívia e Thales, pelo carinho de sempre

À Espiritualidade Maior, pela confiança no trabalho sério, apesar de nossas imperfeições

Dedicatória

Gostaria ainda de dedicar este livro à Jecal – Juventude Espírita a Caminho da Luz, pela dedicação e pelo trabalho realizado. Que possam, com o Cristo e com a Espiritualidade, continuar sempre levando mensagens de esperança, orientação e alento por onde passarem.

A José Pereira, ex-prefeito de Cabrália Paulista (SP) nos idos de 1960/1970. Homem íntegro, honesto e, acima de tudo, de boa vontade. Possibilitou, com seu trabalho, que centenas de crianças pobres como eu tivessem a oportunidade de estudar, buscando novos horizontes na vida. Nosso agradecimento ao inesquecível homem público e cristão acima de tudo.

Sumário

Um inesquecível adeus

O Dr. Gustavo estava debruçado sobre o leito do filho. Já havia transcorrido duas noites que não conseguia conciliar o sono, junto à cabeceira do seu filho adorado, observando o soro que gotejava de forma monótona e inexorável. Parecia-lhe que em cada gota que descia também sentia esvair suas esperanças de ver Thiago recuperar-se. Sabia da gravidade da doença e lutara com todas suas forças, consciente de que este dia fatal chegaria e de que o que mais temia era enfrentar esta dura realidade.

Observava com tristeza infinita o abatimento refletido no semblante de dor do filho, resultado da profunda debilidade provocada pela doença impiedosa que, ao longo dos anos, foi aos poucos vencendo aquela luta desigual. A palidez de cera, os lábios descorados, os olhos fundos e a expressão de sofrimento de Thiago doíam fundo na alma do médico.

Sempre fora um profissional dedicado e sensível com a dor alheia e quantas vidas salvara no exercício da medicina que abraçara qual sacerdócio, mas agora, no leito de dor de seu próprio filho, sentia-se impotente e o desespero invadia sua alma. Não acreditava em Deus, mas no auge do desespero chegou a blasfemar contra o Criador, que, em seu entendimento, se existia, era impiedoso, pois ceifava o que lhe era mais sagrado, sua própria razão de viver: a vida de seu filho.

Thiago completaria no mês seguinte onze anos, mas Gustavo percebia que isto jamais iria acontecer, pois seu querido filho agonizava em seu leito de dor e dificilmente passaria daquela noite.

O paciente estava adormecido, respirando com dificuldade, enquanto Gustavo com sua dor chorava silenciosamente com receio de acordar o filho; sabia que o garoto sofria muito e dessa forma era melhor que permanecesse dormindo. Grossas lágrimas desciam pela face molhando o rosto do infortunado pai, enquanto perguntava para si mesmo: por quê?

Sua memória voltou no tempo, recordando sua alegria incontida, quando sua esposa lhe dissera estar grávida. Após a ultra-sonografia, fora constatado que a criança era um menino. Gustavo não cabia em si de felicidade. Era a segunda gravidez de Fabíola, sua esposa, que já lhe havia dado uma linda filha, Luciana. A vinda do filho completaria a felicidade de seu lar, seu ninho de amor, seu refúgio sagrado, seu pequeno oásis, onde nos braços da esposa e nos afagos dos filhos construíra seu paraíso.

Quando Thiago viera ao mundo, Gustavo não se cansava de acariciá-lo. Tivera muita alegria com o nascimento de Luciana, mas com o filho era diferente. Gustavo não sabia explicar, mas sentia que aquele pequeno ser que agasalhava em seus braços era alguém muito especial. Não entendia a razão de tanto apego e carinho com Thiago. O tempo foi passando e o garoto crescendo, e na mesma proporção que crescia seu carinho pelo filho, também aumentava sua preocupação: o garoto não ganhava peso suficiente e seu desenvolvimento era abaixo da média. O que havia de errado com seu filho?

Todavia, paralelamente às deficiências de uma saúde frágil, o filho demonstrava ser portador de inteligência acima da média e o apego com o pai era comovente. Já tinha dois anos de idade apresentando certa dificuldade para andar, mas, quando o pai chegava e o menino ouvia o barulho do motor do carro, gritava de alegria, correndo para a porta, esperando que Gustavo entrasse e o pegasse no colo, quando então enchia o pai de beijos e carinho.

Eram almas afins, e santos eram os laços que as uniam como filho e pai. Gustavo recordava que como médico e pai temia pelo diagnóstico que seus colegas lhe apresentariam. Depois de muito tratamento e pesquisa, tentando fugir de uma realidade que ele não queria enfrentar: a verdade era muito cruel, pois o pequeno Thiago era portador de leucemia.

A procura desesperada através de tratamentos e medicamentos alternativos era sua via crucis, mas Gustavo não media esforços e sacrifícios no sentido de buscar a cura do filho. O garoto já completara seis anos e sua vivacidade e alegria de viver surpreendia a todos, apesar da rotina dos tratamentos, das transfusões de sangue, do soro constante que era obrigado a tomar, das picadas desagradáveis de agulhas, e dos tratamentos agressivos, para sua condição física, a que era submetido.

O filho, embora criança, tudo suportava com uma paciência digna de Jó e ainda confortava Gustavo, pois em sua inocência sempre tinha uma palavra de ânimo:

— Não desanime, papai – dizia ele –, hoje estou me sentindo melhor. A agulha do soro não doeu muito, viu? Se Deus quiser, logo ficarei bom. O senhor não precisa ficar preocupado comigo, viu? Eu estou bem – completava sorrindo.

A informação do filho contrastava com a constatação de Gustavo, que observava as manchas roxas em seu bracinho magro, como resultado do período prolongado de exposição pela agulha do catéter de soro instalado em sua veia.

Quanto desespero, meu Deus, pensava Gustavo. Surpreendia-se às vezes em diálogo íntimo, em que questionava o Criador apesar de sua descrença. Por que seu filho querido era portador daquela doença? Por que capricho do destino, com tantas crianças no mundo, a fatalidade atingia exatamente Thiago? Questionava o porquê de tantas crianças nascerem com saúde perfeita e seu filho ser portador de problema tão grave.

E assim os anos foram passando lentamente e a doença apresentando evolução inexorável. Embora não fosse sua especialidade, buscou respostas através de intensas e incansáveis pesquisas, mas via baldado seu esforço diante da realidade cruel. O garoto já completara dez anos de idade e o problema agravando-se cada vez mais. As transfusões cada vez mais freqüentes se revelavam infrutíferas, até esta última internação, em que o colega preocupado com o seu estado de desespero o preveniu:

— Gustavo, sabe da amizade que lhe dedico e da minha preocupação à respeito da saúde de seu filho. Sinto muitíssimo, pois como amigo gostaria de poupar-lhe, mas como médico tenho o dever de dizer-lhe a verdade. Tenho acompanhado ao longo do tempo a evolução da doença de Thiago e envidado todos os esforços, mas agora acho que não tem mais jeito: em minha opinião, deve ficar junto de seu filho, pois ele não terá muito tempo mais de vida. Sinto muito, meu amigo – completou o médico, abraçando-o.

Gustavo tirou licença do trabalho e debruçou-se sobre a cabeceira do leito de Thiago. Acompanhava contristado a agonia do filho querido, afagando sua fronte, alisando seus cabelos, beijando-o em transportes de carinho paterno. Sabia que ele partiria breve, mas queria retê-lo junto de si o maior tempo possível. Nem dormia direito e ausentava-se às vezes, por motivos imperiosos e breves, enquanto Fabíola o substituía junto ao leito do menino.

A noite ia avançada. Olhou o relógio, verificando que já eram três e quarenta da manhã. O dia não tardaria a amanhecer. Observou o filho que ressonava, notando que sua respiração estava suave, embora percebesse que seu peito arfava de forma irregular.

Extenuado pelo cansaço de tantas noites mal dormidas, Gustavo foi vencido pelo sono, perdendo a noção do tempo. Quando acordou estava sobressaltado. Quanto tempo dormira? Olhou o relógio e percebeu que já eram quase seis horas da manhã. Notou que Thiago estava de olhos abertos sorrindo para ele:

— Que bom que o senhor acordou, papai! Eu o estava observando e pensando o quanto te amo! Queria que o senhor não se desesperasse, pois sei que vou partir para uma nova vida!

— Ah! Meu filho, nem me fale nestas coisas – respondeu Gustavo em lágrimas de emoção. – Você que acredita tanto em Deus, peça a Ele que permita que fique um pouco mais conosco; não gostaria de perder você!

Dos olhos de Thiago também desciam lágrimas. Era uma despedida dolorosa.

— Sabe, papai, enquanto eu estava dormindo, tive um sonho lindo e em meu sonho era levado por um anjo a um lugar muito iluminado, onde havia um jardim todo florido, com pássaros que cantavam, e muitas crianças que brincavam. O anjo me dizia que é para lá que eu vou. Disse-me que eu ia acordar para me despedir do senhor, pois eles vêm me buscar logo, recomendando que o senhor tenha certeza que minha vida não se acabará com meu corpo. Para onde irei, não existe dor nem sofrimento, e lá, papai, estarei velando pelo senhor, porque é uma alma valorosa e muito querida.

A voz de Thiago estava fraca, mais parecendo um sussurro, mas para Gustavo aquilo representava o que ele mais temia: era um adeus que ele jamais esqueceria, vivesse quantos anos vivesse.

Procurando transmitir ao filho uma tranqüilidade que estava longe de sentir, respondeu enquanto afagava carinhosamente os cabelos do garoto:

— Meu filho querido, tudo isto foi apenas um sonho. Você não vai partir para lugar nenhum, vai viver muito ainda, casar-se e dar-me netinhos tão lindos como você. Ainda vai ver seu papai com cabelos brancos e ainda vamos brincar e rir muito juntos.

O garoto sorriu com tristeza, respondendo com a voz sumida:

— Não, papai, sei que o senhor me diz isto para me confortar, mas não é verdade. Neste instante vejo esta sala se iluminar. Não sinto mais meu corpo nem o mal-estar costumeiro. Estou vendo muitas pessoas de branco e sei que não são deste mundo. Elas sorriem para mim e agora estou vendo também aquele anjo que eu falei. Ele está me dizendo que é minha hora de partir.

Gustavo não conseguia responder. Soluçava em lágrimas abundantes abraçado ao filho, como se naquele abraço pudesse reter aquele espírito querido por mais um pouco ainda.

Com a voz quase imperceptível, Thiago completou:

— Adeus, papai, não posso ficar mais. Te amo muito. Diga à mamãe que estarei orando por ela e por Luciana. Vocês estarão em meu pensamento para sempre. Tenha certeza que para onde eu for jamais esquecerei vocês, papai! Devo ir agora, pois o anjo me estende as mãos e vejo uma estrada em forma de luz, como um raio de sol. Um dia estaremos novamente todos juntos, creia-me, papai, a vida não se acaba com a morte... Até um dia...

Foram suas últimas palavras. Seus olhos perderam o brilho e sua cabeça pendeu suavemente no derradeiro adeus, enquanto uma lágrima descia pelo rosto descorado, onde parecia agora transparecer a paz, permanecendo em seus lábios um sorriso de encorajamento ao desesperado pai. Gustavo olhava para o filho, incrédulo: não lhe parecia que Thiago havia morrido, parecia-lhe mais que continuava dormindo, tal a serenidade de sua fisionomia.

Neste instante, o sol se levantara no horizonte e filtrava seus raios pela janela do quarto, inundando-o de luz. Gustavo em prantos sentia que naquela luminosidade também se misturava a luz da alma de seu filho em sua partida, pois com os olhos esgazeados pelas lágrimas parecia-lhe ver a figura do filho sorrindo em meio à luz solar e, sem perceber, encontrou-se de joelhos, pedindo que, se realmente Deus existisse, se era sumamente bom, justo, misericordioso, perfeito e sábio, cuidasse de seu filho, com o mesmo amor, desvelo e carinho que ele, pai material e imperfeito, sentia.

Os dias passavam lentos e penosos para Gustavo. De nada adiantavam palavras de consolo, o carinho da desvelada esposa e os beijos e abraços de sua filha. O mundo havia perdido o encanto, e a vida, a razão de ser. Não mais conseguia trabalhar, afastando-se através de licenças. Às noites saía de carro sem destino, distanciando-se da cidade para locais ermos e escuros, a fitar o céu infinito com as estrelas cintilando na esfera cósmica. Havia vida após a morte? Onde estaria seu filho? Estaria em alguma daquelas estrelas que piscavam como se acenassem em um adeus?

Quando chegava em casa, olhava a fotografia de Thiago e entregava-se ao desespero em choro convulsivo. Cada peça de roupa, cada brinquedo, cada objeto, era motivo de recordação e dor.

Fabíola também sofria sua dor de mãe pela perda do filho, mas, por outro lado, preocupava-se agora com o estado de prostração de Gustavo. Temia pela saúde do marido. Ele deixara crescer a barba e recusava a alimentar-se, debilitando sua constituição física, com perda de peso que preocupava. Gustavo estava irreconhecível: era uma sombra do homem, do médico bem sucedido que sempre fora, recusando-se a conversar com quem quer que fosse.

Quantos dias Fabíola notava a ausência de Gustavo, até descobrir que o marido passava as tardes no cemitério ao lado da cova, acariciando a pedra de mármore, onde constava o nome e a fotografia do filho querido. Fabíola sentia que iria enlouquecer, em seu desespero, só não sabia se antes ou depois do marido que, em sua ótica, já estava louco.

Um mês já havia transcorrido do desenlace de Thiago, mas para Gustavo parecia uma eternidade de sofrimento sem esperança. No cemitério, todos já o conheciam e se condoíam do estado de tristeza do desesperado pai; eram complacentes com suas atitudes de loucura, chegando a se esconder para passar a noite junto à cova do filho, deixando a família desesperada com seu desaparecimento.

Fabíola apelara para a ajuda da polícia, para entrar no cemitério tarde da noite, encontrando Gustavo deitado sobre o túmulo conversando com o filho:

— Não, filho – dizia ele –, não vou deixar você sozinho. Papai está aqui com você, viu? Não fique com medo do escuro, eu vou acender uma vela, está bem?

Fabíola entregou-se também ao desespero. Não teve alternativa, a não ser internar o marido. Mas aquela seria a melhor atitude a ser tomada? Católica praticante, apesar de ser o marido descrente, ela não se cansava de orar e pedir auxílio aos santos de sua devoção, encontrando algum alento e consolo, mas sentia-se desorientada em relação a Gustavo. O que poderia fazer pelo marido? A partida do filho fora duro golpe para seu coração de mãe, sabendo que Deus a tudo provê e apenas o tempo amenizaria sua dor, mas e Gustavo que não acreditava em nada? Decididamente o marido não estava preparado para aquele adeus tão doloroso.

A Mansão dos Jovens

O Assistente Valérius esclarecia-me que a *"Mansão dos Jovens"* era um pronto-socorro diferenciado dos demais. Na verdade, concluía – era destinado ao amparo e recuperação de jovens que desencarnaram prematuramente pelo abuso das bebidas, do fumo e principalmente pelo uso indiscriminado dos tóxicos.

Observei atentamente aquela enfermaria analisando o estado lamentável daqueles jovens, que em sua grande maioria ainda necessitavam de desintoxicação para limpeza das imantações que impregnavam a constituição perispiritual de cada um, à semelhança de manchas oleosas, principalmente na região do cérebro, onde se localizavam na maior parte dos casos as lesões mais importantes. O estado de demência e inconsciência de grande número dos assistidos era preocupante.

Admirei a figura de Valérius, que fora destacado pelos meus superiores para que eu pudesse acompanhá-lo em minha missão de estudos e aprendizado. Apresentava-se na figura de um jovem de vinte e poucos anos, mas eu já percebera sua elevada condição de espírito com credenciais de esferas superiores. Alegre, simples e afável, desdobrava-se em carinho e atenção aos assistidos.

Notando meu espanto em relação às condições daqueles jovens, esclareceu-me:

— Irmão Virgílio, a semeadura é livre, mas a colheita é obrigatória. Assim nos ensina o Evangelho e a realidade comprova a veracidade dos fatos. Que alegria sentimos quando observamos jovens bem orientados, que buscam através da oportunidade abençoada da vida extrair o que de melhor a vida oferece, com responsabilidade. Seja através dos estudos, da prática dos esportes, do trabalho, da diversão saudável, seja integrando-se nos grupos de jovens que, através da caridade cristã, se integram nos postulados do Cristo. Isto nos dá satisfação e alegria, ao observar que apesar de muitos ainda serem jovens já apresentam amadurecimento e responsabilidade para a vida. Não, não estamos querendo santos nem perfeitos, pois sabemos que nenhum de nós ainda apresenta esta credencial, mas, acima de tudo, boa vontade.

Valérius fez breve pausa que não ousei interromper. Após alguns segundos, continuou:

— Entretanto, infelizmente hoje um grande mal tem assolado nossa juventude. A desorientação que tem levado muitos garotos, ainda em idade escolar, a partir para experiências das mais diversas, pelo prazer de fazer o proibido ou ainda buscando auto-afirmação, através de sensações novas como a bebida, o cigarro, ou ainda outras mais perigosas, como as drogas, que têm trazido conseqüências funestas. Alguns se entregam aos vícios por falta de orientação, por lares desestruturados; outros, pela simples curiosidade de ver como é ou por imitarem colegas de turma que admiram. Às vezes, começa por simples curiosidade ou brincadeira, e lamentavelmente, quando os pais percebem, o mal já está feito. Então trilhar o caminho de volta é penoso e difícil. Às vezes não tem volta.

O Assistente Valérius falava com sentimento de tristeza e eu o compreendia. Após breve pausa continuou:

— Virgílio, se o ser humano tivesse consciência de que Deus, em sua bondade, nos legou um corpo físico saudável e perfeito para que nos servisse como santuário de nossa alma em sua evolução, nós iríamos respeitar mais este equipamento harmônico, do qual nós, espíritos eternos, nos servimos para galgar os degraus de nossa caminhada. É inconcebível que o ser humano, inteligente, envenene pelo cigarro todo sistema respiratório composto de delicado equipamento como os pulmões, os brônquios, os bronquíolos e os alvéolos, cuja função primordial é oxigenar o sangue e permitir que o restante do organismo funcione em harmonia, utilizando-o como filtro de fumaça, fuligem e venenos perigosos, que trazem como conseqüência doenças terríveis, inclusive o câncer. Em nome de um prazer fugaz, o homem destrói sua saúde de forma inconseqüente. O que não dizer da bebida? É outro prazer inigualável que o ser humano saboreia com requinte e classe; faz pose e acha-se o máximo, ostentando a taça do vinho importado em festas de altas rodas, ou o pobre coitado, que enche a cara com a cachaça barata nas bodegas da periferia. Ambos são responsáveis, pois destroem conscientemente a própria saúde, embora em favor do bêbado possa haver atenuante pela miséria em que vive, e pela falta de conhecimento que eventualmente possa ter; mas, de qualquer forma, em qualquer um deles a ação da bebida traz danos às vezes irreversíveis ao estômago e ao sistema nervoso. Infelizmente em muitos casos, o mais grave ainda não é o problema da saúde, porém os acidentes fatais que ocorrem em decorrência do indivíduo dirigir embriagado. Quantas vidas são ceifadas desnecessariamente. O ser humano evoluiu? Sem dúvida, mas ainda não age com sabedoria, pois o auto destruir não é um ato de inteligência.

Enquanto a pausa se fez natural, aproveitei para analisar o que ouvira do Assistente. Realmente, pensei, o ser humano recebe de Deus um corpo saudável, que é um equipamento perfeito, e o destrói por conta própria. Fiquei imaginando que, enquanto conversamos, nosso cérebro raciocina ininterruptamente, envia mensagens nervosas a todas células, comanda as ações, recebe informações e as processa na velocidade do pensamento. Nosso coração bate sem parar, bombeando sangue para todas as veias e artérias, irrigando todo nosso corpo, os pulmões processam, através da oxigenação do sangue, a retirada do gás carbônico; o sistema gástrico processa os alimentos, transformando-os em energia que nos mantém vivos. As glândulas do sistema endócrino trabalham incessantemente para oferecer a resistência necessária ao organismo, combatendo as infecções e regulando todo funcionamento do corpo, enquanto que nós não tomamos conhecimento de que, ao estarmos felizes com nosso cigarro ou nossa bebida predileta, este mesmo organismo está travando batalha de morte para expelir os venenos e as toxinas, mantendo o equilíbrio do corpo, para que nossa vida seja preservada.

O Assistente sorriu complacente, pois acompanhava o teor de meus pensamentos.

— Tem razão, Virgílio. Entretanto não somos extremistas, nem falsos moralistas. Não estamos aqui criticando a bebida com moderação, nem condenando o direito que tem o ser humano de se auto destruir, no uso de seu livre-arbítrio. Não. Temos que respeitar nossos irmãos, mesmo porque também já erramos muito e com certeza ainda iremos errar outro tanto, pois não somos perfeitos. Mas não podemos em nenhuma hipótese deixar de alertar que o homem adquire seríssimos compromissos consigo mesmo, e com a espiritualidade, sendo considerado suicida indireto, pelos danos que causa à própria saúde e, conseqüentemente, abreviando sua existência na carne. Estamos falando do cigarro e da bebida, porém não podemos esquecer que os danos mais graves são decorrentes do uso dos tóxicos. Jovens perdem a alegria de viver, perdem a juventude, prostituem-se, entregam-se à devassidão, perdem a moral e a personalidade, transformam-se em farrapos humanos pela dependência da guante impiedosa das drogas, que os atiram às sarjetas e à marginalidade. São caminhos tortuosos e pantanosos, na maioria das vezes sem volta. Gostaria de salientar que nosso escopo não é de condenar jamais, pois, repetimos, quem somos nós, Virgílio? Entretanto, não podemos nos furtar de alertar a sociedade e os pais, para que sejam amigos de seus filhos, oferecendo amor e carinho, jamais abrindo mão da autoridade e mostrando-lhes seus limites e responsabilidades. Nossos jovens precisam saber até onde podem ir, sem ferir sua liberdade nem a liberdade do próximo. Se os pais abdicam desta responsabilidade, quem irá suprir esta deficiência? O resultado, lamentavelmente, é o que temos observado: jovens desorientados que se entregam aos vícios, e pais ausentes. São sempre os últimos a perceber que seus filhos queridos foram adotados por criaturas inescrupulosas, que pelo valor sonante do vil metal não vacilam em destruir milhares de vidas através do consumo das drogas. Quanta dor, quantas tragédias poderiam ser evitadas, meu Deus! – concluiu o Assistente penalizado.

As ponderações de Valérius convidavam à meditação. Fiquei em silêncio por instantes, enquanto o Assistente continuou sua tarefa junto aos assistidos. Observei que alguns ainda estavam adormecidos, e outros, embora conscientes, revelavam no semblante e nos olhos enorme angústia e sofrimento. Antes que fizesse qualquer questionamento, Valérius esclareceu-me:

— Estes nossos irmãos, Virgílio, embora tenham sido resgatados das regiões purgatoriais, e já terem passado por intenso tratamento de desintoxicação, ainda não se libertaram totalmente do vício. Ele fica impregnado além do corpo somático, tendo como conseqüência a angústia perispiritual que você pode observar, decorrente das imantações deletérias resultantes da exposição prolongada das toxinas, que terminam por provocar sérias lesões nos tecidos delicados do corpo perispiritual. Isto significa que já ocorreu comprometimento na saúde do corpo físico, em futura encarnação. Quem não valoriza a bênção do corpo saudável e a saúde perfeita, adquire doença. Assim é em qualquer circunstância: o mau administrador malbarata o próprio patrimônio, sofrendo as conseqüências da penúria a que se vê relegado, por responsabilidade própria. Aliás, o Evangelho do Cristo não cansa de nos alertar: a cada um, segundo suas obras.

Enquanto o Assistente dissertava, com um gesto significativo convidou-me a observar um dos assistidos em leito próximo, em estado de adormecimento. – Seu nome é Alex – esclareceu-me o Assistente.

Percebi que o jovem estava agitado, como que perseguido por inimigos invisíveis, embora estivesse a salvo sob a tutela da Mansão dos Jovens. Aparentava não ter mais que vinte cinco anos, bem-apessoado e de físico privilegiado. Aparentemente sua saúde era perfeita, mas diante de minha visão mais aguçada, passei a perceber que as artérias de seus braços apresentavam uma circulação sangüínea impregnada por uma substância de cor escura e densa. O sistema nervoso apresentava-se também comprometido pela mesma substância que identifiquei anteriormente, subindo em direção ao bulbo e envolvendo o cérebro. Detive-me em exame mais detalhado no córtex, percebendo que a região motora e a da personalidade estavam flagrantemente alteradas pela ação daquela substância, enquanto a epífise e a hipófise se apresentavam envoltas em tonalidade escura. Procurei penetrar em sua consciência, para auscultar seu pensamento. Verifiquei que na mente do rapaz estavam cristalizados ainda seus últimos atos perpetrados no corpo físico. O rapaz encontrava-se em sua casa, luxuosa e confortável, que demonstrava ser de boas condições financeiras, localizada em bairro de classe alta da capital paulistana. Estava desesperado pela angústia da necessidade de consumo imediato de tóxico, o que demonstrava sua condição de dependente. Remexe

De:

Para:

Local: / /

Diagramação: Natália Oliveira

Você é

Você é linda,
você é meu sonho,
você é meu mundo.
Como poderia me imaginar
sem sua existência?
Você é meu ideal,
minhas fantasias realizadas,
meu sonho gratuito,
você é meu coração que bate forte,
parece voar como vento;
você é a possibilidade da felicidade
real e palpável.
Você é o beijo doce que sacia meu paladar,
você é o braço que adoro mergulhar,
meu corpo frágil e carente.
Você é o caminho que me conduziu de volta
a algo que eu havia esquecido ou evitado;
O amor, você é minha vida, meu tudo...

Hélio Marques

"Deus é fiel".

Para você

Que faz meus dias muito especiais

Você é

todos os cantos, entra no quarto paterno, buscando algo de valor para que pudesse converter em dinheiro, a fim de adquirir a droga que necessitava. Seus olhos estão esgazeados e seu raciocínio não é lógico. Pega o pequeno cofre, onde a mãe guardava as jóias, mas não consegue abrir, entregando-se ao desespero. De repente seus olhos se voltam ao criado-mudo e percebe que sua mãe havia esquecido um precioso colar de pérolas. Não titubeia: apanha a jóia e dirige-se como louco a determinado local, que aparentemente já conhece de outras vezes, pois logo que chega já é cumprimentado por um homem que devia estar acostumado a efetuar aquele tipo de transação. Olhar ávido pela ganância, nariz adunco, e postura sovina de quem está acostumado a lesar o semelhante sem nenhum constrangimento. Olha com aparente desinteresse e pouco caso, embora já tenha constatado que se trata de jóia de subido valor.

— Não me interessa comprar nada hoje – ele diz, para desespero do rapaz. – Ademais – completa –, parece-me que se trata de pérolas de segunda.

Os olhos do moço parece que vão saltar das órbitas, tal seu estado de alienação. Gaguejando, retruca:

— Não, são jóias de primeira. Meu pai nunca comprou jóias de segunda. Por favor, verifique de novo. Eu faço por qualquer preço.

Com desinteresse calculado, o usurário segura nas nãos o colar e retruca:

— Cem dólares, nada mais.

— Como? Cem dólares? Meu pai pagou no mínimo cem vezes mais este valor.

— É pegar ou largar. Você é que sabe. Não vai achar ninguém que lhe dê mais.

Em desespero de causa, o rapaz aceita. Sai dirigindo de forma perigosa e imprudente em busca da droga que irá saciar sua angústia. Chega num local perto de uma favela, que demonstrava também conhecer. Alcança determinada casa onde, mediante a importância oferecida, consegue significativa porção da droga, cujo pó parece alva farinha. O traficante ainda brinca com o desespero do rapaz:

— Cuidado, vá com calma, pois este pó é de primeira.

Ainda na sala, ajeita uma porção do pó sobre pequena lâmina e com fino canudo aspira avidamente pelas narinas, sentindo-se momentaneamente saciado. Já mais calmo, guarda no bolso o restante da droga, retornando à sua casa. Entra no ambiente doméstico, que era flagrantemente desarmônico, com presença espiritual de irmãos sofredores, bem como de alguns obsessores que insuflavam na mente do rapaz desejo de nova dose. Obedecendo às sugestões e aos impulsos que lhe eram transmitidos, entra em seu quarto e se fecha à chave. Apanha uma seringa e injeta em suas veias outra porção da droga, deitando-se na cama para curtir a grande viagem alucinógena. Os obsessores ainda não estavam satisfeitos e, parcialmente desligado do corpo físico pela ação da droga, envolviam-no com sugestões de mais droga. Cambaleando como um bêbado, apanha mais uma porção e torna a aspirar. A grande dose injetada leva o organismo ao colapso, a pressão sistólica e diastólica chegam ao extremo. O coração destrambelha-se acelerado e provoca o rompimento de importantes artérias coronarianas. A overdose fora fatal e Alex desmaia com o nariz sangrando abundantemente. A morte foi quase que instantânea e a dor praticamente anestesiada pela insensibilidade provocada pela droga. De repente, o rapaz viu-se desalojado do corpo físico e presa fácil dos obsessores que o envolveram, sugando-lhe as energias, arrastando-o em seguida para regiões do umbral, onde, inconsciente e dementado, o irmão purgou por um período de quase três anos.

Concluído meu exame, estava impressionado. Valérius esclareceu-me:

— Por intercessão de um amigo deste jovem, que freqüenta assiduamente um Centro Espírita participando de um Grupo de Jovens, e que vinha colocando seu nome constantemente em vibração e solicitando preces nas reuniões mediúnicas daquela casa de caridade, acabamos resgatando nosso rapaz daquela região de sofrimento, por acréscimo de misericórdia de Deus. Veja, Virgílio, quanto mal causamos à nossa saúde e ao corpo perfeito que o Pai nos oferece. Quanto tempo levará ainda este nosso irmão para reparar o mal praticado a si mesmo?

Sim, pensei. Apenas o tempo e a bendita oportunidade renovadora da reencarnação poderiam oferecer condições de refazimento do equilíbrio necessário, resgatando para o seio do Pai os filhos desviados do caminho. Enquanto isto, Valérius anotava alguns apontamentos em um painel localizado em salão contíguo à ala dos jovens em recuperação. Após alguns instantes, solicitou minha presença:

— Virgílio, pessoas do mesmo Centro onde o amigo de Alex freqüenta têm feito orações e colocado o nome de determinado pai nas vibrações. O pobre homem está à beira da loucura, em virtude da perda de um filho muito querido, e nosso concurso está sendo solicitado. Vamos em busca deste nosso irmão, para que possamos nos inteirar do caso e verificar qual a estratégia de auxílio que podemos oferecer em seu favor. Vamos? – convidou-me.

Segui alegremente a figura do Assistente em rápida volitação até a cidade de São Paulo. Já eram vinte e três horas passadas. Adentramos respeitável recinto doméstico, onde verificamos a presença de venerável senhora de nossa esfera, na figura que nos lembrava uma avozinha preocupada em auxiliar, mas sem grande sucesso. Identificou de imediato nossa presença no ambiente e, respeitosa, agradeceu-nos o auxílio.

— Meu nome é Cecília – apresentou-se. – Sou a mãe de Gustavo. Tenho tentado de todas as formas estender auxílio ao meu filho, mas infelizmente ele não oferece campo favorável, por não crer em Deus e ao mesmo tempo apresentar-se revoltado com a situação. Minha nora não teve alternativa a não ser interná-lo em um hospital, mas não é esta a solução, porque tem permanecido sedado a maior parte do tempo. Nos momentos em que está desligado da matéria, tenho tentado de todas as formas me aproximar dele. Não tem lucidez suficiente, nem está receptivo às sugestões superiores. Sua mente está com pensamentos cristalizados no desespero e sofrimento e, desta forma, temo por sua resistência física. Mais do que a loucura, temo que meu filho acabe desencarnando em desespero de causa.

A pobre mãe fizera seu relato com os olhos cheios de lágrimas, que desciam abundantes pelo seu rosto. Valérius abraçou-a afetuosamente, confortando-a.

— Irmã Cecília, antes de mais nada, confiemos em Deus. Serene e fortaleça seu coração Naquele que tudo pode. Com a permissão do Pai, e não é por outra razão que aqui estamos, vamos cuidar de Gustavo. Apesar de propagar que não crê, seu filho acumulou muitos créditos pela dedicação aos sofridos e aos doentes sem remédio. Quantas vidas não salvou? Sabemos que o caso é extremamente difícil, mas volto a dizer: Confiemos em Deus, está bem?

A boa velhinha enxugou os olhos e agradeceu ao Assistente.

— É verdade – concordou. – Eu também tenho sofrido muito, acabei me envolvendo demais na angústia de meu filho e acabo não tendo condições de ajudar. Consegui, pelo concurso de meus superiores, uma licença para permanecer no ambiente doméstico do lar de meu filho por algum tempo, mas estou vendo que nas atuais circunstâncias não estou conseguindo auxiliar; então devo retornar às minhas atividades em favor de outros necessitados, a fim de buscar meu próprio equilíbrio. Partirei mais tranqüila, pois sei que vocês, em nome de Deus, terão êxito na empreitada, não tenho dúvida.

Neste instante, Fabíola apresentava-se em desdobramento pelo sono em nosso plano. Dado ao estado de angústia, a esposa de Gustavo identificou apenas a figura da sogra, a quem abraçou em choro convulsivo:

— Dona Cecília, a senhora é uma alma boa e ama seu filho. Precisa ajudá-lo, pelo amor de Deus! O que vamos fazer com Gustavo? Tivemos de interná-lo, mas temo que uma hora se mate. Por favor, a senhora como mãe precisa amparar Gustavo. O que vou fazer da vida sem ele? Primeiro perdi meu filho, agora não posso sequer imaginar a idéia de perder também meu marido. Eu rogo encarecidamente, dona Cecília, ajude a salvar seu filho! Eu o amo muito!

A cena era compungente. Agora podia entender por que dona Cecília não tivera condições de socorro, pois, abraçada com a nora, ambas estavam envolvidas em clima de tristeza e sentimento de perda irreparável. Conduziam a uma vibração negativa e inoperante. Apesar da condição de esclarecimento, Dona Cecília não conseguia se desvencilhar do vórtice das vibrações de dor e sofrimento. Por esta razão, realmente era melhor que voltasse às suas atividades para recuperar-se em seu equilíbrio emocional.

Afastamo-nos discretamente do ambiente. Segui Valérius em rápido deslocamento volitivo. Aproximamo-nos de um hospital psiquiátrico, onde Gustavo se encontrava internado. Acercamo-nos do leito e observamos que a equipe espiritual de nossa esfera estava a postos, preocupada com o tratamento ministrado e com o estado do paciente. Identificando nosso propósito, Dr. Solidônio nos colocou a par da situação:

— É um paciente difícil, dado seu estado de desespero e descrença. Todavia, o tratamento ao qual está sendo submetido está comprometendo ainda mais seu estado de prostração, pois acima de tudo Gustavo é inteligente e a ação poderosa dos medicamentos está afetando diretamente no cérebro a região do seu equilíbrio, da emoção e da razão. Esta aparente tranqüilidade, que demonstra no corpo somático, na verdade esconde um tormento sem nome, porque, em espírito, Gustavo continua consciente de sua dor e de sua perda, e se abala ainda mais por não ter comando sobre o corpo físico, dopado pela ação medicamentosa. Será um caminho sem volta, se não encontrarmos uma saída urgente.

Compreendi a gravidade do quadro. Contrastando com a insensibilidade do corpo físico, Gustavo, em espírito parcialmente exteriorizado do corpo físico, entregava-se ao desespero, batendo com as mãos no próprio peito e na cabeça.

— Meu Deus – gritava. – Se existe, traga-me de volta meu filho! É a única coisa que quero nesta vida! – exclamava.

Valérius tudo observava com ar de preocupação. De repente seu rosto se iluminou, como se súbita idéia brotasse de sua mente, perguntando ao Dr. Solidônio:

— Por acaso não existe um grupo de jovens que fazem visita regularmente a este hospital?

— Sim – respondeu o médico. – Todavia, já estiveram aqui ministrando passe e fazendo leitura do Evangelho, contando com nosso concurso, mas tudo foi em vão. Gustavo permanece extremamente refratário a tudo. Amanhã é sábado – continuou o médico, então depois de amanhã, domingo, às quatorze horas, estarão de volta, como o fazem toda semana. Alguma sugestão?

— Sim – respondeu Valérius com um sorriso de satisfação. – Domingo às quatorze horas em ponto também estaremos aqui.

Agradecemos aos amigos e nos retiramos. A noite ia avançada. Enquanto retornávamos à nossa colônia, sentia a carícia da brisa que tocava meu rosto e, em prece silenciosa, pedia pelo nosso querido irmão Gustavo. O que estava planejando o Assistente Valérius? Vênus no alto do céu apresentava brilho exuberante, acenando-nos em seu giro pelo infinito cósmico, como a resposta que, por mais negra que seja a noite, existe o brilho das estrelas para nos alegrar e lembrar-nos da presença constante de Deus através da luz cintilante dos astros na escuridão da noite.

De volta ao lar

Já transcorrera quase dois anos que Antonina estava com Dona Filomena. A vida seguia em frente, mas a moça não podia se queixar, pois Ismael estava cada vez mais lindo, em sua ótica de mãe. Apesar de cercada pela alegria do filho e pelo carinho da avó, o olhar da moça apenas se empanava com uma nuvem de tristeza, quando se lembrava de Felipe. O tempo passava e, ainda assim, não conseguia se esquecer de seu primeiro e único amor que, com grande esforço e renúncia, procurava sepultar no esquecimento. Percebia que isto era quase impossível.

O que a confortava eram os abraços, os beijos do filho e os afagos da avozinha querida. Dona Filomena sentia que vivia um período de bonança. Depois de uma vida inteira de sofrimento e desencantos, finalmente Deus havia abençoado seus dias. A vinda da netinha querida e do bisneto enchera sua vida de alegria e dera um novo alento e nova motivação para continuar vivendo. Entretanto, sentia que o peso dos anos e os maus-tratos sofridos na dura vida que enfrentara começavam a vergar sua saúde, já bastante debilitada por um envelhecimento precoce típico das pessoas que sofreram muito e sempre trabalharam de sol a sol nas intempéries do duro trabalho da lavoura. Sabia que jamais se recuperaria do desgaste prematuro de sua saúde, resultante do esforço prolongado de longos anos, da alimentação deficiente, e da falta de cuidados médicos preventivos que nunca tivera.

Às vezes sentia que o coração fraquejava em batidas descompassadas, mas procurava ocultar o problema e a preocupação da neta, evitando assim alarmá-la. Embora pressentisse que não demoraria muito para desencarnar, não permitia que este receio pudesse apagar a alegria que sentia no coração pela presença de Antonina e Ismael em sua vida. Deus fora generoso com ela e aquele ano valera por toda sua existência, pensava consigo mesma, enquanto agradecia ao Pai misericordioso em suas preces por ter recebido aquela graça no final de seus dias.

Antonina trabalhava em uma mansão de uma família muito rica da região. Moça bonita, passou a ser alvo da atenção de Valdomiro, um dos filhos do dono que a assediava constantemente, evidenciando intenções obscuras e desejos inconfessáveis. Mas a moça tinha uma postura digna e, acima de tudo, era muito firme em suas atitudes o que, de certa forma, mantinha o pretendente a certa distância. Todavia, quanto mais o tempo passava, mais aguçava o desejo do rapaz, que ansiava para concretizar seus anseios, tornando-se muitas vezes inconveniente. Antonina tudo fazia para evitar maiores problemas e por necessidade do trabalho era obrigada a conviver com aquela situação humilhante e vexatória.

Às vezes chorava no caminho de casa e procurava recompor-se, quando chegava no seu lar humilde, compensando seu sofrimento e tortura a beijar o filho e a deixar-se abraçar e acariciar pela avó do coração. Ultimamente nem mais tinha vontade de escrever a Dona Celina, sua amiga tão querida, pois tudo lembrava seu amado e ela queria esquecer, para não sofrer mais ainda.

— Até quando, meu Deus? – pensava com seus botões. – Por que a vida é assim? Será que nunca mais vou ser feliz? Será que realmente esquecerei Felipe? Encontrarei algum dia um amor que não seja proibido e o substitua definitivamente no meu coração?

Enquanto seu pensamento voava qual pássaro sem ninho, duas lágrimas brotavam de seus olhos tristes, na lembrança inesquecível daquele que sabia que jamais veria novamente nesta existência.

Além disso, havia ainda algo que a preocupava. Aquele mesmo sentimento de medo e angústia que a perseguira nos dias mais tristes em que se descobrira grávida, e agasalhara desejo de suicídio, estava voltando aos poucos. Orava muito ultimamente, mas sentia o coração apertado e tristonho, particularmente à noite, em que experimentava sonhos atribulados e pesadelos terríveis.

Todo dia após o pôr-do-sol, em que as sombras da noite invadiam a terra, sentia-se tomada por estranhos pressentimentos. Em seus pesadelos, via-se presa de cruéis perseguidores que desejavam vingar-se a todo custo. Quando o desespero era maior, via a figura de Felipe, que lutava com seus inimigos, e ao mesmo tempo Ismael, seu filho, que a defendia.

Seu coração ultimamente andava angustiado e, em preces, pedia a Deus que por acréscimo de misericórdia não a desamparasse, mas pressentia que aquela estranha sensação de medo e insegurança se transformava aos poucos em um sentimento de melancolia, ocupando um espaço cada vez maior em seu pensamento e em seu coração.

Aquele era um dia diferente dos demais. Desde cedo dona Celina estava nervosa e impaciente. O Sr. Artur também se manifestava inquieto e parecia-lhe que o tempo não passava. Já eram sete horas da manhã, quando tirou o carro da garagem, dirigindo-se ao aeroporto de Guarulhos em São Paulo. Felipe chegaria no vôo procedente de Nova York e, se não houvesse imprevistos, entre nove e dez horas estaria livre dos trâmites burocráticos da alfândega e então poderiam matar as saudades. Havia mais de um ano que o rapaz fora para os Estados Unidos. Conseguira uma importante colocação em uma empresa de consultoria multinacional, onde desenvolvera, pela dedicação, um bom trabalho e agora voltava com colocação garantida na filial brasileira.

Chegaram cedo, dirigindo-se imediatamente à ala do Desembarque Internacional. O tempo se arrastava, mas o Sr. Artur estava satisfeito, pois observara no painel de controle de tráfego que o vôo pousara no horário previsto. Eram nove e trinta quando Felipe venceu o labirinto da Ala Internacional, passando pela porta automática. Dona Celina não resistiu, gritando alto seu nome com lágrimas de emoção:

— Felipe, meu filho! Estamos aqui – gritou levantando as mãos.

O rapaz largou as malas, abraçando-se longamente com os pais. As lágrimas que abundavam eram de alegria e satisfação pelo reencontro. Era a alegria justa dos pais que vêem o filho amado retornando ao lar paterno.

Dona Celina não parava de abraçar e beijar o filho. – Como você está bonito, meu filho! – Você emagreceu um pouco, por quê? Alimentou-se mal?

O jovem sorria diante da observação materna. Embora já tivesse vinte e seis anos, para a mãe, ainda era uma criança indefesa. Mas as novidades eram tantas, que nem perceberam o tempo nem o caminho de volta. Quando deram por fé, já estavam em casa.

Dona Celina queria que Felipe comesse de tudo, pois precisava se alimentar melhor. O rapaz sorria complacente:

— Pelo amor de Deus, mamãe. Já comi demais hoje. O que gostaria mesmo era de repousar um pouco; o vôo foi muito cansativo, além do mais, estou ainda com a cabeça confusa em função da diferença dos fusos horários! – reclamou o rapaz com o semblante cansado.

— É verdade, Celina. Deixe o Felipe descansar um pouco; viajar a noite inteira não é fácil. Depois você paparica à vontade nosso filho! – defendeu o Sr. Artur.

Dona Celina dirigiu-se ao quarto para acomodar o filho como sempre o fizera, quando era ainda criança, e Felipe sorriu com cumplicidade, pois era gostoso estar de volta ao aconchego do lar. O mundo é muito bom e aprendemos muito, mas existe algum outro lugar no mundo melhor que o Brasil? pensou o rapaz, feliz com o carinho materno.

Com um beijo, a mãe desejou ao filho bom descanso. Antes que ela saísse do quarto, Felipe segurou a mão materna, beijou-a, pedindo que se sentasse um pouquinho no leito. Tinha uma pergunta a fazer: "Alguma notícia de Antonina"?

Dona Celina sorriu com tristeza. Percebia naquele momento que o filho não havia ainda conseguido esquecer o sentimento de amor, tão profundo e ao mesmo tempo complicado. Lembrou-se que ultimamente Antonina não se manifestava.

— Não, filho, faz já algum tempo que não tenho mais notícias. Antonina foi morar no interior com a avó e escrevia-me de vez em quando; já faz quase um ano que não recebo nenhuma carta. Você não conseguiu esquecê-la ainda, não é mesmo, filho?

O rapaz sorriu com o semblante triste e os olhos brilhantes:

— Infelizmente não, mamãe. Às vezes tenho me perguntado se agi certo fugindo de Antonina. Na verdade fugi mesmo, pois nunca pensei em ir para o exterior. Fazer o quê? O que foi feito não tem remédio. Namorei algumas garotas, mas com nenhuma delas experimentei a mesma emoção que senti, quando a vi pela primeira vez naquele leito do hospital, aquele semblante de inocência, aquele ar de criança desamparada, sua pureza de sentimentos de uma beleza quase angelical. Não, mamãe, não me esqueci de

Antonina e nem sei se a esquecerei algum dia; mas a vida continua, não é mesmo?

Após estas palavras, o jovem retribuiu o beijo materno. Dona Celina apagou a luz saindo do quarto e fechando com cuidado a porta. Felipe em poucos minutos era vencido por Morfeu, adormecendo profundamente embalado em sonhos e apreensões. Sonhou que se encontrava com Antonina em um campo todo florido. Estendia as mãos e sua amada as segurava. Andavam felizes entre beijos e abraços, quando percebeu que dois malfeitores se aproximavam, querendo ferir Antonina. Felipe com o intuito de defendê-la atracou-se corajosamente com os dois, enquanto a moça fugia desesperada. Sentia-se quase vencido, quando percebeu que Ismael, filho de Antonina, estava junto dele; apenas não era uma criança e sim um homem formado. Ismael demonstrava ter grande força, pois, no instante em que estendeu as mãos em direção aos malfeitores, partiu delas um raio de luz que fez com que os adversários, apavorados diante da inesperada situação, partissem em debandada. Felipe procurava desesperadamente por Antonina, mas não a encontrava. Ismael lhe dizia: Venha comigo; juntos a salvaremos. De repente percebeu que a moça estava à beira de enorme precipício. Com o coração tomado pela angústia, gritou desesperadamente para que não se movesse e procurou aproximar-se, estendendo-lhe as mãos. Neste instante, Antonina falseou um dos pés e despencou no abismo profundo. Felipe deu um grito de desespero e acordou com o coração descompassado. Percebeu angustiado que tivera um pesadelo, mas muito real. Quanto tempo dormira? Olhou o relógio e verificou que já eram quatro horas da tarde. Levantou-se, lavou o rosto, dirigindo-se à sala. Os pais o esperavam com um sorriso. Tinham muito o que conversar.

Um dia muito especial

Eram doze horas do sábado, quando nos reunimos com a equipe espiritual no Centro Espírita, onde se organizava o Grupo de Jovens que fazia visitas ao nosocômio, no qual o Dr. Gustavo estava internado. Chegamos exatamente no momento da prece que era proferida para o início das atividades daquele dia. O ambiente era acolhedor, iluminado pela oração sincera de um jovem que fora escolhido para a abertura dos trabalhos. Observei a perfeita comunhão entre o grupo e a equipe espiritual que os assistia, composta por irmãos de nossa esfera, em sua maioria jovens.

O Assistente Valérius havia-me esclarecido que era um grupo de boa vontade, que não media esforços no sentido de auxílio aos mais carentes, promovendo assistência a famílias necessitadas, angariando alimentos através de campanha que desenvolviam nas ruas, denominada "Campanha do Quilo". Faziam a distribuição dos bens arrecadados com o esforço de cada um, visitavam favelas, hospitais, e paralelamente procuravam desenvolver atividades de recreação, com apresentação artística de teatro. Enfim, era um grupo muito atuante, representando o orgulho dos dirigentes do Centro, que identificavam na maioria dos integrantes elevados valores espirituais e esperança de uma juventude bem direcionada. A espiritualidade superior, concluiu o Assistente, assistia com satisfação àquele movimento direcionado ao jovem, apoiando integralmente a iniciativa. Era a esperança de uma humanidade mais feliz e de futuro mais promissor, nas mãos e no exemplo do trabalho alegre dos Grupos de Jovens que se formavam em muitos Centros Espíritas.

Valérius apresentou-me a Luiz Carlos, o dirigente espiritual do grupo. Carlinhos, como era carinhosamente chamado pela equipe, apresentava-se com aparência de um jovem de vinte anos, todavia desde o primeiro momento percebi que por trás de sua jovialidade e simpatia escondia um espírito de grandes responsabilidades. Esclareceu-me que desencarnara há algumas décadas, aos dezoito anos, acometido por grave doença, resgatando importante débito do passado. De volta à espiritualidade, fora convocado juntamente com outros jovens desencarnados por importante dirigente espiritual, que se manifestava preocupado com os problemas dos jovens encarnados que muitas vezes enveredam por caminhos tortuosos. Dizia o mensageiro que a espiritualidade superior planejava desenvolver um trabalho de renovação e, ao mesmo tempo, trazer os jovens para o Evangelho do Cristo, de forma participativa, com alegria típica da juventude, mas acima de tudo com muita responsabilidade. A juventude estaria vivendo no final do século momentos de perigosos envolvimentos, motivados pela liberação desregrada dos laços morais, e muitos se perderiam pelos vícios da bebida, dos tóxicos e do sexo indiscriminado. O resto seria conseqüência, pois nestas condições o jovem acaba perdendo o referencial, parecendo em sua ótica de entendimento que tudo é permitido, tudo é lícito, adentrando terrenos pantanosos dos quais a saída é extremamente dolorosa, e os danos quase que irreparáveis. Muitos não conseguem força suficiente para encontrar a saída e, infelizmente, sucumbem de forma melancólica – suspirou com tristeza.

Olhei com admiração para Carlinhos. Para mim, era gratificante verificar a extensão do trabalho, às vezes não reconhecido pelos mais velhos, que ainda não se conscientizaram da profundidade e da responsabilidade que representam para a espiritualidade as tarefas aparentemente despretensiosas de um punhado de jovens de boa vontade e, acima de tudo, responsáveis.

— Nosso grupo no espaço – continuou –, estagiou na "Mansão dos Jovens" e em muitas regiões do umbral, nas tarefas de socorro direcionadas especificamente aos jovens desencarnados, vitimados pelas drogas e vícios de toda espécie. Quando já estávamos devidamente preparados, foi-nos outorgada a responsabilidade de que hoje estamos investidos. Os dirigentes encarnados foram adequadamente orientados. A maioria compreendeu o alcance, apoiando e direcionando os Grupos para o trabalho, mas alguns, infelizmente, não valorizaram adequadamente. O jovem representa a energia, a renovação e a criatividade e, se bem direcionado, irá sempre nos surpreender de forma agradável. Assim como a energia elétrica – concluiu Carlinhos – produz o frio ou o calor, depende a polaridade como é utilizada. Pode ser negativa ou extremamente positiva. Depende de nós o estímulo certo na hora adequada.

Valérius abraçou jovialmente o dirigente, enquanto percorríamos as dependências do Centro.

— Carlinhos, poderia explicar ao nosso Virgílio qual será a atividade do dia de hoje?

— Sem dúvida, sorriu com simpatia, hoje é um dia muito especial. Estão vendo estes mantimentos acondicionados nas prateleiras do salão? Não é muito, mas para as famílias que passam por terríveis agruras materiais dois quilos de feijão, cinco quilos de arroz, ou um pouco de fubá e farinha, já é uma ajuda inestimável. Além do mais, não se trata apenas da quantidade de alimentos que será dada a cada família; isto representa o esforço destes jovens, como resultado da Campanha do Quilo efetuada no último fim de semana. Quem tem dinheiro de sobra, não custa pegar o talão de cheques, emitir soma representativa e comprar em algum atacado grande quantidade de víveres; contudo a mensagem mais importante é o tempo precioso que este grupo de jovens dedica aos menos afortunados. Dar o dinheiro ou prover a necessidade, dando apenas o dinheiro quando o temos, não podemos negar que é grande gesto de desprendimento e Deus considera o seu valor. No entanto, o que queremos destacar é que para estes jovens o tempo é o bem mais precioso e eles abrem mão, com alegria, para a prática da caridade! Quantos deles teriam condições de estar viajando? De estar curtindo a vida em outros folguedos próprios da juventude, divertindo-se? Ou ainda se entregando aos vícios, que representam a porta larga da vida, como nos alertou Jesus? No entanto, abriram mão de tudo isto para estarem aqui, e, posso afiançar-lhe, o fazem com alegria no coração.

— Por favor, irmão Virgílio, venha comigo, pois gostaria que pudesse conhecer nossos assistidos – convidou-me Carlinhos amavelmente.

Enquanto passávamos para o lado de fora da instituição, presenciei pequena aglomeração de pessoas perfiladas de forma ordeira e paciente. Pude notar a expressão de mães com rostos sofridos, entristecidos pela miséria, muitas com crianças de colo. Algumas quando sorriam exibiam falha nos dentes e as crianças mal vestidas e sujas. Confesso que me senti comovido e impotente diante do quadro que presenciava. Carlinhos comentou:

— Sabemos que a miséria humana é muito grande, e não temos a pretensão de resolver o problema. Todavia, é de suma importância que estas criaturas sintam no ato de receber, por pouco que seja, que não estão esquecidas de Deus. Daqui a pouco, as portas serão abertas, e todos poderão se acomodar nas dependências do Centro, onde será feita uma pequena preleção do Evangelho, sem a preocupação de transmitir conceitos espíritas, para não ferir sensibilidades e respeitar outros credos que muitos professam. Não há necessidade, pois todos sabem que a casa é espírita. O fato de dar não significa impingir a doutrina, já que a caridade não tem cor religiosa. Poderá observar no Evangelho alguns apontamentos, onde se busca conscientização destas pessoas, para que não percam a esperança e continuem lutando, juntamente com alguns conceitos de responsabilidade de marido e mulher, de mãe e de seres humanos que são. Ser pobre não significa desleixo, nem andar como maltrapilho. Estes conceitos os nossos jovens procuram transmitir aos assistidos, e amanhã, sem dúvida, perceberão que neste simples gesto de dar o pão material, sem esquecer o pão espiritual, não estão esquecidos de Deus. Neste momento, estes jovens são os mais fiéis representantes de Jesus no ato da caridade humana – concluiu orgulhoso Carlinhos.

Confesso que estava impressionado. O valor material do que seria distribuído poderia não ser tão grande, mas o significado em termos espirituais e os ensinamentos que seriam ministrados àqueles irmãos menos afortunados era imenso. Senti-me feliz ao reconhecer o esforço e o desprendimento daquele punhado de jovens de boa vontade.

Carlinhos explicou-me que cada família possuía uma senha pelo número de dependentes, para que a quantidade fosse eqüitativa para as necessidades de cada um.

As portas foram abertas e as pessoas adentraram o recinto de forma ordeira, acomodando-se nos bancos do salão. Enquanto as crianças eram encaminhadas a outro recinto, onde jovens contavam histórias de cunho evangélico, os adultos ouviriam o Evangelho da tarde. A oração foi breve, sendo em seguida a palestra proferida por Paulo, o responsável pelo Grupo de Jovens. Observei que Paulo era portador de sensibilidade mediúnica bem desenvolvida. Envolvido por Carlinhos, o jovem discorreu sobre a fé, a necessidade de tentar melhorar a qualidade de vida buscando alternativas de trabalho honesto e ordeiro. Orientou a respeito da conduta de cada um e das responsabilidades como pais de família, como marido ou mulher, sobre a educação dos filhos, a limpeza da casa e da roupa que se veste, para que pobreza não fosse confundida com sujeira e nem com desleixo. A criatura que vive a contingência da pobreza pode fazê-lo com muita dignidade, enfatizava Paulo. Uma criatura que é pobre e está limpa, com uma roupa mesmo que velha e até remendada mas bem cuidada, atrai a simpatia das pessoas e muitas vezes pode abrir portas e possibilidades, pois isto demonstra a personalidade de cada um. Ser pobre não é defeito; pode, entretanto, revelar o caráter pela maneira como cada um se porta. Se temos fé em Deus e em Jesus Cristo, não nos entregaremos ao desespero, nem às bebidas, nem à criminalidade, nem ao próprio abandono como maltrapilhos, sujos, perambulando pelas ruas e espantando as pessoas que poderiam nos auxiliar. Irmãos em Cristo, finalizava o orador, o Mestre nos ensinou que seriam bem-aventurados os simples e os humildes de coração, porque seriam consolados. Acreditemos na palavra do Senhor, pois Jesus era o Divino Amigo de todos, veio até nós oferecendo Sua própria vida, e nunca deixou de estender as mãos aos desvalidos do caminho. Não podemos perder a fé e a confiança, pois o Querido Mestre continua a nos estender as mãos. Então, aproveitemos a oportunidade, segurando na mão de Jesus, pedindo a Ele que nos ampare e nos auxilie em nossas dificuldades, ao mesmo tempo que devemos procurar nos melhorar intimamente, lutando sempre por uma vida melhor, com Deus no Coração.

Paulo concluiu a preleção. O ambiente estava saturado de energias que a todos alcançavam, penetrando na aura perispiritual de cada um. Observei um senhor no meio da assistência que chorava copiosamente. Movido pela compaixão, aproximei-me. Deveria ter no máximo uns trinta e cinco anos, mas demonstrava mais idade. Olhos fundos e rosto magro, barba por fazer, roupa surrada e sapatos desgastados pelo uso. Cabeça baixa, com a mão na testa para esconder o rosto das demais pessoas, não conseguia ocultar as lágrimas que desciam abundantes. Procurei auscultar seus pensamentos, buscando sua sintonia mental. Pude então verificar que nosso irmão morava em local distante. Viera do interior fazia alguns meses, premido pela necessidade de trabalho. Cinco filhos pequenos, o maior com onze anos de idade. Sem emprego, sem dinheiro, sem amigos, não tinha a quem recorrer. Os parcos recursos que possuía haviam se esgotado e sua casa se encontrava na mais absoluta penúria. Já faltava o leite para os pequeninos que, no momento, estavam alimentando-se com água e fubá. Naquele dia o pequenino amanhecera com febre alta e diarréia. O que fazer? Disse à mulher que sairia para procurar ajuda, pedir esmolas, se necessário fosse, e assim o fez. Desorientado, cruzou a pé extensas avenidas, onde pessoas apressadas com seus problemas e carros passavam céleres, mas ninguém podia adivinhar o tormento que ia em seu coração. Olhava para o rosto de cada um tentando ver algum semblante amigo ou um sorriso de encorajamento, mas em vão. Parou em um farol e pediu auxílio a um motorista em reluzente carro importado, mas recebeu de volta uma reprimenda e um olhar de desprezo. Sentiu-se humilhado e envergonhado. Como ele, Cândido da Silva, Candinho para os amigos, chegara àquela condição de pedinte? Sempre fora pobre, mas honesto e trabalhador na roça, onde nunca nada lhe faltara. Perdido em seus pensamentos, passou em frente a um supermercado onde de fora podia verificar os alimentos expostos em gôndolas. Um pensamento passou por sua cabeça: iria roubar. Nunca imaginara isto antes, e sentia-se envergonhado diante de seu pensamento, mas para alimentar seus filhos iria fazê-lo, por que não?

Entrou no estabelecimento; sua presença destoava dos demais freqüentadores, todos bem arrumados. De imediato, a segurança ficou de olho no estranho cliente. Aproximou-se do compartimento dos alimentos, olhando para os lados para ver se não estava sendo observado. Sentindo-se seguro, enfiou por dentro da camisa um pacote de feijão, um de fubá e um pacote de leite em pó. Já era suficiente, pensou. O filho estava doente, deveria ser por fome. Todavia, Candinho não podia imaginar que o supermercado tinha circuito interno de televisão. Os seguranças observaram tudo pelo monitor e, quando o desesperado pai tentou sair sem pagar, foi apanhado incontinenti. Levado à sala de segurança, foi revistado e humilhado, ameaçado de prisão; se não fosse a intervenção de um dos seguranças que se sentiu penalizado pela condição de Candinho, fatalmente teria que se explicar no Distrito Policial. Entretanto, não se livrou de uns safanões, sendo expulso do supermercado com um empurrão, indo estatelar-se no pátio de estacionamento, machucando as mãos na queda e sujando sua roupa, diante dos transeuntes que se divertiram da desgraça do infeliz. Saiu pelas ruas em desespero de causa. Já passava do meio-dia. Estômago vazio, ainda em jejum, começou a sentir tremor pela alimentação deficiente de dias a fio. Observou um senhor bem vestido saindo de uma padaria com um pacote de pão e leite nos braços. Sentiu-se encorajado, pois aquele homem com certeza não iria negar-lhe um pão ou um litro de leite. Estendeu as mãos trêmulas pela fraqueza, observando que sangravam pelo machucado, quando fora empurrado no supermercado.

— Um auxílio, pelo amor de Deus. Tenho filhos pequenos que estão passando fome...

Não conseguiu concluir a rogativa. Foi bruscamente interrompido:

— Ora, vá enganar outro, seu bêbado. O que quer mesmo é dinheiro para beber, olhe, está até tremendo! –

ironizou. – Vá pedir a outro, porque comigo bebum não tem vez.

Dizendo isto, entrou no carro, afastando-se ruidosamente. Candinho sentou-se no fio da calçada e chorou copiosamente. O que fazer? Até vontade de morrer passou em seu pensamento. Olhou em sua volta e a cidade grande e insensível o amedrontava. Caminhou a esmo e em sua desesperança não conseguia orar a Deus, pedindo auxílio. De repente, passando por uma rua, verificou pequena aglomeração de pessoas, pobres como ele. Alguma coisa dizia para que se aproximasse, pois desta vez não seria repelido. Acanhado, perguntou a uma mãe que esperava o que se tratava, sendo esclarecido que haveria distribuição de uma cesta de alimentos, mas apenas para os que já estavam cadastrados. A mulher, apesar de sua condição miserável, sentiu-se penalizada pela condição de Candinho.

— Olhe – disse ela –, fique aqui. – Converse com o Sr. Paulo que é o responsável pelo Grupo de Jovens, quem sabe ele pode lhe dar alguma coisa que sobrou? Aqui eles são muito caridosos, não perca a esperança.

Candinho, com o coração sensibilizado, chorou mais uma vez. Naquele dia, aquela era a primeira pessoa que o tratava com respeito. Contou-lhe sua desventura e sua situação. Comovida, a mulher completou:

— Olhe, seu moço, se o Sr. Paulo não puder dar-lhe nada, pois tudo aqui já é preparado pelo cadastro de cada um, eu reparto com o senhor a minha cesta – concluiu com um sorriso de encorajamento.

E assim foi. Candinho adentrou o recinto, ouviu o Evangelho, que tocou seu coração. Lembrou-se que não orava e nem procurava Deus em seu coração fazia tempo. Emocionado chorava, pois parecia-lhe que finalmente alguma porta se abria para ele.

Terminado meu exame, Valérius aproximou-se.

— Percebe, Virgílio, os dramas e os tormentos ocultos de cada um? Infelizmente, existe a mendicância profissional, em que pessoas inescrupulosas se fantasiam de miséria para em nome da caridade explorar a boa fé das pessoas. Usam crianças maltrapilhas, que são em sua grande maioria vítimas inocentes e, muitas vezes, futuros delinqüentes. Mas temos de ter Evangelho e amor no coração para podermos distinguir os verdadeiros infortúnios ocultos. Temos que olhar atentamente para saber se aquele que nos estende as mãos tem mãos calosas acostumadas ao trabalho e se tremem por fraqueza ou pela bebida. Na dúvida, façamos a caridade, pois não importa se muitas vezes estamos atendendo algum espertalhão; afinal, ele um dia prestará contas de seus atos. O que não podemos é muitas vezes deixar de atender o verdadeiro necessitado em detrimento aos falsos pedintes. O que importa para Jesus é o verdadeiro ato de dar, com o coração agradecido ao Senhor. Não podemos deixar que os poderes públicos ineficientes e burocratizados resolvam os problemas. A solução está nas escolas e empregos, e nisto falham ainda clamorosamente. Como no exemplo dos Jovens que estamos hoje tendo o privilégio de acompanhar, devemos participar, dedicando nosso tempo não somente dando o peixe, mas também contribuindo de alguma forma, para que estes nossos irmãos aprendam a pescar. Este é o grande mérito. Aqueles que possuem o talento da riqueza, que coloquem o dinheiro para gerar riquezas e oferecer oportunidades de trabalho. Esta é uma bênção de Deus.

O trabalho de distribuição seguia ordeiro. Cada jovem, de acordo com a senha, entregara uma cesta já preparada, tendo sempre uma palavra de carinho e atenção para aquelas pessoas acostumadas com o desprezo de muitos. Era flagrante a minha percepção, observando não ser apenas o alimento material que aquelas pessoas recebiam: o tratamento humano ali dispensado fazia com que se sentissem "gente", e isto as alegrava.

Candinho aproximou-se de Paulo humildemente e cabeça baixa. Temia novamente ser repelido, como o fora tantas vezes. Pediu licença para poder conversar. O líder dos jovens olhou para aquele homem, sentindo-se de imediato tomado por intenso sentimento de piedade. Aquele homem necessitava de auxílio. Recordou em seu pensamento Francisco de Assis, que abraçava os pobrezinhos em sua jornada, e ato contínuo estendeu seus braços, abraçando aquele irmão. Candinho sentiu naquele abraço amigo um reconforto espiritual que nunca havia sentido antes. Chorou mais uma vez, copiosamente.

Caridosamente Paulo esperou que aquele irmão pudesse se acalmar. Ouviu atentamente sua história. Por fim disse:

— Irmão Candinho, antes de mais nada vamos tomar um café com leite e comer um pão com manteiga. Nos fundos de nosso Centro, temos nossa cozinha, vamos até lá.

Depois do café, Candinho mais reconfortado sentia-se preocupado com o destino de seus filhos, pois ainda não havia retornado para casa. Mas não foi preciso manifestar sua preocupação, porque Paulo se antecipou:

— Senhor Candinho, houve algumas sobras de alimentos que sempre guardamos para a próxima distribuição, mas hoje será destinada ao senhor.

Emocionado, Candinho ajoelhou-se, tomando as mãos do rapaz, fazendo menção de beijá-las. Paulo, entretanto, com delicadeza retirou as mãos, levantou-o carinhosamente, abraçando-o em seguida:

— Meu irmão, se seu coração está realmente agradecido, agradeça a Jesus e a Deus, nosso Pai que está nos céus. Apenas a Eles devemos agradecer por tudo que recebemos.

Ato contínuo, chamou um dos jovens:

— Álvaro, venha cá. Pegue os alimentos que sobraram, coloque em seu carro e vá com nosso irmão Candinho até sua casa. Veja o remédio que necessita e compre, usando o dinheiro de nosso caixa. Catalogue as necessidades da família e depois traga, para que possamos cadastrá-los a serem assistidos mensalmente.

Candinho estava emocionado. Não apenas recebia o auxílio que necessitava, mas era alvo de atenção e respeito. Voltava a sentir-se como homem, com a dignidade que havia perdido nas humilhações sofridas. Sentia-se devedor e nunca saberia como pagar. Sentiu-se encorajado:

— Sr. Paulo, como poderei um dia pagar por tudo que estão me fazendo hoje? Eu sou católico, mas vejo que como espíritas vocês conquistaram meu coração e meu respeito. Quem sou eu? Ninguém, mas hoje aprendi o verdadeiro sentimento de respeito a Deus. Meu coração aprendeu que Deus está sempre conosco, nós é que nos afastamos Dele; e não importa que religião professamos. Hoje também aprendi com vocês que ainda são tão jovens, que Jesus está com vocês, e meu coração está agradecido por tudo isto. Se puder, gostaria de aprender mais a respeito desta doutrina, que tantas vezes ouvi falar mal, mas hoje meus olhos testemunham que quem faz a caridade verdadeira são vocês.

— Ora, meu irmão, não pense que somos perfeitos, pois ainda temos muito o que aprender. Mas será um prazer sua presença. Venha aos sábados que sempre há alguma atividade em favor de outros necessitados. Você também poderá ajudar. Álvaro o acompanhará com a incumbência de anotar todos seus dados. Tenha certeza de que iremos envidar nossos esforços para lhe arrumar algum emprego, a fim de que você possa sustentar sua família com dignidade.

Estava concluído o trabalho de distribuição. O aprendizado fora intenso naquele dia. Notei que Carlinhos tinha todos os motivos de satisfação, pois a equipe espiritual trabalhava em perfeita sintonia com a equipe de jovens encarnados. As atividades eram intensas em ambos os planos e a Seara de Jesus rejubilava diante daqueles trabalhadores novos ainda, que não mediam esforços na prática do bem. Jovens apenas na aparência, pois eram espíritos de elevada envergadura espiritual.

Na despedida, Valérius abraçou demoradamente o amigo. Carlinhos com um sorriso jovial agradeceu nossa presença.

— Obrigado, amigos, por estarem conosco. Esta casa é de vocês e será sempre grande nossa satisfação em recebê-los.

— Nós é que agradecemos, irmão Carlinhos. Amanhã estaremos novamente juntos na visita ao hospital. Será mais uma oportunidade de aprendizado – disse Valérius dirigindo-se a mim. – Hoje já verificamos que foi um dia muito especial.

Eu também agradeci comovido. Realmente, havia sido um dia de alegria e trabalho. Na verdade, sentia em meu íntimo que necessitava meditar muito à respeito da caridade, por tudo que havia presenciado naqueles momentos de luz e amor, que para mim foram de grande aprendizado.

Suaves recordações

Aquele dia estava radioso. O sol brilhava na abóbada celeste inundando o domingo de luz, calor e alegria. Por toda parte se podia observar pessoas deslocando-se com satisfação em busca de lazer, na capital paulistana.

Quando aportamos no hospital, faltavam ainda dez minutos para as quatorze horas. Dr. Solidônio nos recebeu com um sorriso sincero e um abraço caloroso.

— Sejam bem-vindos, irmãos. O Grupo de Jovens já está conosco, bem como nosso querido Carlinhos!

De fato. Em poucos minutos aqueles jovens já meus conhecidos estavam entre nós. Em meu íntimo, pensei que realmente o esforço e a dedicação do grupo era louvável e meritório. Num domingo como aquele, seria muito natural que estivessem também se divertindo como todos rapazes, nos folguedos naturais da idade; no entanto, a responsabilidade e o amor ao próximo falavam mais alto em suas consciências. Eles estavam presentes na Seara do Mestre, levando consolo aos aflitos e aos desesperados. Jesus dissera: Não perderá seu galardão, aquele que oferecer um copo de água em Meu Nome. Sim, aquele punhado de jovens teria a recompensa justa aos olhos da espiritualidade maior.

Com a autorização dos médicos encarnados, fizeram no corredor da enfermaria singela prece, pedindo a proteção espiritual, enquanto o grupo era envolvido em suaves e luminosas correntes energéticas de proteção. Em seguida, liderados por Paulo, passaram em cada quarto da enfermaria, ofertando a prece consoladora e o passe àqueles que aceitavam. Aqui e acolá, uma palavra de consolo. Carlinhos nos acompanhava feliz com o esforço dos seus protegidos.

Finalmente chegamos ao leito de Gustavo. Observei bem a figura do médico, cujo aspecto nos transmitia piedade pelo estado de abatimento. Apresentava-se excessivamente magro, olhos fundos e perdidos no espaço, como se estivesse fitando o nada. Percebi que além do abatimento moral, a ação dos barbitúricos não deixava dúvidas do estrago flagrante em seu corpo físico, bem como no corpo perispiritual.

Notando meu interesse, enquanto os jovens faziam a leitura do Evangelho, Valérius sugeriu que eu pudesse auscultar nosso amigo, para melhor entender o que ocorria. Não me fiz de rogado. Tomado de profundo sentimento por Gustavo, aproximei-me. Estendi a destra sobre o coronário, procurando sua sintonia vibratória. À medida que alcançava a sensibilidade de suas ondas mentais, fiquei comovido: Gustavo em espírito chorava, embora seus olhos físicos não pudessem transmitir o que ia no fundo da alma, em virtude da ação dos medicamentos. O pensamento do médico não tinha lugar a não ser para a figura do filho adorado. Embora o espírito não tivesse controle sobre as emoções do corpo somático, em espírito Gustavo viajava nas doces lembranças. Elas voltavam no tempo, revendo a época em que Thiago ainda era uma criança de cinco ou seis anos. O médico rememorava cada beijo que dera no filho, as brincadeiras, as preocupações, enfim, via-se continuamente abraçando o filho como se,através das lembranças, buscasse ainda um alento que lhe possibilitasse prosseguir na vida. Seu pensamento viajava nas doces recordações, enfeitando a imagem do filho da forma carinhosa que o tempo jamais haveria de lhe devolver. Recordou o último aniversário de Thiago, quando a doença já se manifestava impiedosa para a saúde fragilizada do garoto. Fora realmente o último, pois antes que o filho pudesse completar mais um ano sua vida fora ceifada para sempre, apesar de ele ter lutado ferozmente com todas as suas forças e com os recursos da medicina para impedir o impossível. Recordando o feliz evento, Gustavo em espírito sorria, como se seu sorriso fosse um lamento inconsolável. Jamais esqueceria aquele dia, quando junto com outros amiguinhos Thiago ouviu os "Parabéns a você". Através da sintonia mental de Gustavo e de suas lembranças, eu ouvia a música. Não era a canção que comumente se cantava nos aniversários: aquela era diferente.

Comentei o que havia presenciado com Valérius, que sorriu.

— Virgílio, não é sem razão a lembrança de Gustavo a respeito do aniversário de Thiago, pois exatamente hoje faria onze anos. Hoje seria o dia de seu aniversário, se ainda estivesse encarnado. Aqui temos a chave que pode solucionar este problema e, efetivamente, levar-nos a auxiliar nosso querido amigo.

Enquanto isto, os jovens haviam terminado a leitura de *O Evangelho Segundo o Espiritismo*. Com um olhar significativo, Valérius pediu licença a Carlinhos, envolvendo Paulo em fluidos simpáticos de inspiração, buscando sua sensibilidade através do Centro de Força Coronário. De imediato, o rapaz respondeu positivamente através de sua sensibilidade, oferecendo passividade para captar adequadamente a inspiração, pois percebera que estava sendo instrumento da espiritualidade superior.

Fiquei impressionado pela rapidez com que a sintonia se estabeleceu entre o mentor e o médium. Valérius sugeriu a Paulo que, juntamente com os jovens, cantasse a canção de aniversário que eu ouvira no pensamento de Gustavo. Ato contínuo, Paulo dirigiu-se aos demais jovens, dizendo que estava recebendo inspiração para que todos cantassem determinada música. Todos se deram as mãos e começaram a cantar:

"Parabéns pelo seu aniversário,
Parabéns, parabéns,
Fazem votos que vás ao centenário,
Os amigos sinceros que tens!

Reunidos neste dia,
De tão grande alegria,
Desejamos que as bênçãos de Deus
Caiam todas sobre os dias teus
E que em data igual a esta
haja sempre a mesma festa
Cada um renovando os votos que hoje faz
De mil venturas e de paz!"

Tão logo o grupo terminou a canção, pude observar singular modificação em Gustavo. Seus olhos antes mortiços e sem brilho de repente criaram vida e duas grossas lágrimas desceram pelo seu rosto. Olhou em sua volta mas não tinha a lucidez adequada, pois confundia completamente a esfera física com a espiritual. Via-nos a todos, mas não tinha discernimento do que ocorria ao seu redor. O fator importante é que o médico, em espírito, buscava a sintonia do corpo físico, embalado pela lembrança da música do aniversário do filho. Todos nós estávamos emocionados pelo esforço que Gustavo fazia para encontrar novo alento para continuar vivendo. Seu rosto magro e a barba por fazer estavam empapados pelas lágrimas vertidas na suave recordação do filho querido.

Os jovens estavam admirados pela transformação operada, considerando que das vezes anteriores o doente ficara impassível. Paulo, tomado de compaixão, aproximou-se de Gustavo, abraçando-o qual filho abraça um pai extremado. Num esforço ingente, o médico tentava balbuciar algumas palavras ininteligíveis, mas no final conseguiu expressar-se:

— ... Thiago! Thiago! Filho... querido! Deus... te... abençoe...

A voz de Gustavo mais parecia um lamento, uma rogativa, ele que proclamava não acreditar em Deus.

O quadro era de emoção e carinho. O ambiente espiritual estava saturado de fluidos balsamizantes que desciam do alto. Gustavo fora auxiliado. Enquanto o Grupo de Jovens se afastava alegremente, felizes pela missão cumprida, Solidônio, Valérius e eu permanecemos no ambiente.

Valérius estava feliz. Imediatamente envolveu Gustavo em fluidos de paz e harmonia, para que pudesse adormecer por algum tempo. Havia uma razão para que assim ocorresse. Notando meu olhar perquiridor, Valérius informou-me:

— É aconselhável que nosso irmão repouse em sono reparador por algumas horas, embalado nas suaves recordações que ainda povoam sua mente, pois logo mais, à noite, levá-lo-emos para importante encontro. Agora, pela graça de Deus, é possível, mas poucas horas atrás Gustavo não oferecia as condições adequadas.

Em seguida, o Assistente solicitou os préstimos de Solidônio:

— Irmão Solidônio, procure através da inspiração orientar o médico responsável para que suspenda a medicação de Gustavo; daqui em diante, seu estado geral será de rápida melhora.

— Não se preocupe, Valérius. O médico responsável é muito receptivo e sensível. Pode ficar certo de que a medicação será suspensa imediatamente.

Agradecemos a cooperação de Solidônio com um abraço afetuoso e nos afastamos. Eu particularmente estava em grande expectativa a respeito do encontro que Valérius iria patrocinar naquela noite em favor de Gustavo, pela graça de Deus. De retorno à Mansão dos Jovens, agradeci mais uma vez ao Pai Criador pela bondade e pela misericórdia infinita, que não desampara e nem esquece de nenhum filho!

Retornei ao meu domicílio espiritual. Necessitava colocar em dia meus apontamentos e buscar esclarecimentos na Grande Biblioteca da colônia, para onde me dirigi após passar a limpo minha agenda de trabalho. O ambiente de estudo me envolveu, juntamente com os maravilhosos acordes de música que inundavam o recinto. O tempo voou.

Já era madrugada avançada, quando me encontrei com o Assistente Valérius na Mansão dos Jovens. A ala de recuperação de jovens recém desencarnados estava repleta. Acompanhei-o passando para a ala contígua, onde se apresentavam outros jovens já devidamente recuperados, em fase de ambientação, já aptos para assumirem alguns trabalhos dentro da própria Mansão.

Alguns instrutores se encarregavam de orientá-los para que se preparassem para suas atividades, começando pelo auxílio na limpeza e assepsia do local. Prestei atenção, notando que o instrutor encarregado procurava transmitir conceitos de amizade, respeito, amor e compreensão, acima de todos.

— Nenhum trabalho é mais importante que outro na Seara de Jesus – enfatizava o Instrutor. – Aqui cada um deve colaborar com alegria no coração, doando sua cota de sacrifício pessoal, aprendendo a disciplina e a colaboração. Quem já está apto para aplicar passes e radiações, não se deve sentir mais importante que o irmão que trabalha na limpeza do local, bem como aquele que desenvolve um trabalho mais rústico, não se deve sentir diminuído em sua condição, pois o que seria da sociedade se não tivéssemos o trabalhador braçal? Se não houvesse o trabalhador operoso que recolhe o lixo das ruas, em pouco tempo, nem o engenheiro e nem o médico, ou qualquer outro ser humano, teria condição de trabalhar, sufocados pelos gases nauseantes exalados pelo lixo em decomposição. Observamos na natureza a graça do colibri, que busca o néctar das flores, mas nos esquecemos do feio e desajeitado urubu, que nos livra da carne em decomposição de animais mortos. Aos olhos de Deus, tem merecimento aquele que faz sua tarefa, por mais singela que seja, com alegria e amor no coração. Peçamos ao Pai que abençoe os trabalhadores desprezados do mundo, aqueles de mãos calosas pelo duro trabalho de plantar e colher o nosso pão de cada dia, bem como os humildes de coração, porque aos olhos de Deus eles são grandes. Da mesma forma, cada um de nós agradeçamos a Jesus a oportunidade bendita de trabalho, por mais simples que seja nossa tarefa. Vamos ter consciência de que somos felizes, pois, se já estamos em condições de oferecer nosso préstimo, é que já galgamos alguns degraus. Vamos pensar naqueles que ainda sofrem nas regiões purgatoriais porque ainda não alcançaram a bênção do arrependimento, ou ainda não purgaram suficientemente suas culpas. Recordemos o Evangelho de Luz – enfatizava o instrutor – onde Jesus nos dizia que não perderia seu galardão aquele que oferecesse um copo de água em Seu Nome. Por outro lado, na Parábola dos Talentos, recordemos que aquele que foi responsável e digno numa tarefa, por mais simples, desenvolverá credenciais para tarefas maiores e entrar no gozo do Senhor!

Todos os jovens ouviam atentamente as elucidações do instrutor. Notei que todos estavam imbuídos dos melhores propósitos e desejosos de se colocarem a serviço do amor, auxiliando os mais necessitados, pois ontem eram eles que estavam naquela condição.

Observando o grupo, notei a presença de um espírito que, à minha visão, demonstrava elevada condição espiritual, embora se apresentasse ainda na figura de um garoto.

Valérius se antecipou ao meu questionamento:

— Este amigo que você observa, Virgílio, não é senão Thiago, o filho de nosso querido Gustavo. Desencarnado há pouco tempo, resgatou doloroso débito de um passado distante. Necessitou pequeno espaço de tempo para recuperar-se, bem como para manter-se equilibrado diante do sofrimento do seu pai encarnado, cujos laços afetivos os impelem para os séculos de compromissos em que, juntos, encetaram tantas caminhadas e responsabilidades mútuas. Thiago encarnou para, além do seu próprio resgate através da doença incurável, despertar o espírito paterno para Deus. Tem acompanhado a distância o desenrolar do sofrimento paterno, e também sofria com a dor e a incompreensão de Gustavo, mas para tudo existe o tempo certo e, por essa razão, hoje pela bondade e vontade de Deus nosso Pai estaremos patrocinando o encontro entre pai e filho.

Pedimos licença ao instrutor do grupo e requisitamos que Thiago pudesse estar conosco.

Thiago era uma presença carinhosa, irradiando serenidade e harmonia. Embora se apresentasse na figura infantil, logo percebi tratar-se de um espírito maduro e de elevada envergadura espiritual. Senti enorme carinho por Thiago, que se manifestava feliz com a possibilidade do encontro com Gustavo.

— Deus o abençoe, Assistente Valérius, por tudo que tem feito pelo meu pai! Meu coração será eternamente agradecido pelo seu gesto de carinho.

Thiago, emocionado, abraçava Valérius em agradecimento, enquanto eu assistia tudo sensibilizado, pois acompanhara de perto o sofrimento de Gustavo.

Naquele instante, adentrou o recinto da Mansão nosso irmão Solidônio. Trazia consigo Gustavo, em espírito, desligado do corpo físico pela ação do sono. O médico parecia-me obnubilado. Solidônio acomodou-o em um leito, e Valérius aproximou-se estendendo sua mão direita em direção ao Centro Frontal, com aplicações energéticas cujo objetivo era reativar seu estado de consciência. Gustavo pareceu despertar, mas não tinha noção do que estava ocorrendo, de forma que Valérius aplicou sua destra no Centro Coronário, através de radiação luminosa de energias imponderáveis.

Gustavo pareceu-me retomar a consciência. Entretanto, olhando ao seu redor, divisou apenas a figura do filho que, iluminado, tomava todos os sentidos do infortunado pai. Gustavo deu um grito de alegria e emoção:

— Thiago, meu filho! Você está aqui ou isto é um sonho?

Gustavo chorava copiosamente abraçado ao filho, que também vertia lágrimas abundantes.

— Papai, meu querido pai! – dizia o filho. – A morte não existe e pela graça de Deus aqui estamos nós reunidos, novamente.

— Ah! Filho meu, como o amo! Como posso compreender Deus, de quem você sempre fala, se foi Ele que nos separou? Eu quero buscar um consolo, meu filho, mas como posso compreender tudo isto?

Notei que a presença espiritual do filho revigorava as energias do desventurado pai, que experimentou desejo de levantar-se para melhor abraçar o filho querido.

Thiago feliz, tomou o pai pelas mãos, convidando-o a segui-lo:

— Venha, papai, temos muito o que conversar. Vamos até a sacada da Mansão; terá a visão deste local maravilhoso onde nos encontramos! Verá que a vida continua em outra dimensão, e que não podemos perder as esperanças, pois o amor que une as almas afins continua mesmo após a morte do corpo físico. Venha!

Gustavo em transportes de felicidade e alegria deixava-se guiar pela figura luminosa do filho adorado! Acompanhamos pai e filho com emoção, enquanto Thiago dizia à guisa de auxílio e orientação a Gustavo:

— Poderemos nos encontrar sempre, papai. Entretanto, o senhor deverá buscar em seu coração o conforto de Deus, que é nosso Pai e nunca nos desampara. Não se deixe levar pelo desespero. Abra seu coração, procure o auxílio da fé que ilumina. Procure conhecer alguma atividade em favor dos menos afortunados! A cada criança desamparada que puder auxiliar, meu pai, estará se fortalecendo, auxiliando a si mesmo em sua recuperação. Por favor, faça isto em minha memória. Cada lágrima que enxugar, pense que são minhas próprias lágrimas que estará enxugando!

Gustavo parecia-me revigorado com novas disposições espirituais, diante da ponderação filial. Venturoso, seguia o filho sem perceber o que ocorria à sua volta. Seu filho era mais importante que tudo e estar junto dele já era uma bênção de Deus, daquele Deus que ele sempre questionara.

Valérius recomendou que deixássemos pai e filho a sós. Teriam ainda muitas confidências sagradas a permutarem entre si.

— Veja, Virgílio, nada na vida é sem razão. Nosso irmão Gustavo é um espírito com nobreza de caráter, mas endurecido na descrença. Ele e Thiago já caminham juntos por afinidades e laços santificados há muitos séculos. Em existência recuada, Gustavo foi poderoso político na Espanha e foi peça importante durante a Inquisição. No início do grande cisma inquisitorial, participou dos julgamentos, mandando muitos à fogueira da depuração, até que seu próprio irmão fosse julgado por atos de bruxaria. Thiago nesta encarnação era o irmão de Gustavo que, lúcido com os desmandos do poder excessivo do clero católico, buscava alternativas no protestantismo de

Calvino e Lutero. Os irmãos eram almas afins, mas Gustavo cria cegamente na Igreja e na infalibilidade papal. Thiago, considerado pela Igreja como inimigo, foi acusado injustamente por atos de bruxaria, que era a prática mais comum. Quando alguém queria se livrar de algum inimigo, bastava aliar-se ao clero e denunciar a pessoa, mesmo que fosse com falsos testemunhos, para ver rolar a cabeça do acusado de forma impiedosa. Gustavo tudo fez para salvar o irmão da fogueira, mas foi em vão, e Thiago foi sacrificado em nome da Santa Madre Igreja, por um clero investido de poderes sobre vida e morte de qualquer um, perpetrando desmandos e injustiças em nome de Cristo! Gustavo revoltou-se contra a Igreja, contra Cristo e contra Deus, por não entender por que ele que sempre servira à Igreja e, conseqüentemente, a Deus, não pudera salvar o irmão. Assim se passaram os séculos. Gustavo, amargurado e revoltado, não conseguia reconciliar-se com o Criador e reconhecer que o erro não era do Pai, mas das pessoas que agiam em Seu Nome.

Thiago sempre acompanhou a distância a trajetória de Gustavo, que encarnação após encarnação não conseguia abrandar a revolta de seu coração, até que pela permissão dos planos superiores veio como filho, efetuando seu próprio resgate através da doença incurável e, ao mesmo tempo, pelo sofrimento, romper a couraça de revolta que ainda envolvia o espírito do irmão querido.

Eu acompanhava as elucidações de Valérius com emoção. Os caminhos de Deus são perfeitos, pensei. Recordei o ensinamento de Paulo Apóstolo, quando dissera que o amor cobre nossa multidão de pecados. Sim, apenas o amor pode vencer a barreira do tempo e do espaço. Não se perde nunca vencendo o endurecimento do coração, dos sentimentos. O amor é luz, o amor é o ato da Criação de Deus, que não esquece nenhum de seus filhos.

Valérius acompanhava minhas elucubrações mentais, sorrindo:

— Sim, Virgílio, Deus em sua infinita bondade não se esquece de nenhum filho sequer. Por isto, Jesus com muita propriedade nos ensinou que o Divino Pastor, por amor, deixaria todo rebanho na segurança do aprisco, e seria capaz de descer até a profundeza dos abismos, para resgatar a ovelha perdida.

Reconheci o acerto da ponderação do Assistente emocionado. Nossa tarefa naquela noite estava concluída. Após o reencontro de Thiago e Gustavo, Solidônio se encarregaria de retornar com Gustavo, que despertaria reconfortado com as lembranças em forma de sonho, do seu encontro com o filho. Não saberia explicar o que realmente havia acontecido, mas seu coração experimentaria novo alento e vontade de viver. Isso era o que importava.

Despedi-me de todos, retornando ao meu domicílio. No caminho, parei por instantes, aspirando com alegria no coração o ar fresco da manhã. As estrelas ainda tremulavam no firmamento, enquanto o horizonte se tingia de rubro pelos raios do sol que não demoraria a levantar-se, oferecendo novo dia de trabalho e oportunidades renovadas a todos que têm amor no coração. Agradeci em prece sincera a bondade infinita do Criador!

O adeus de dona Filomena

Já fazia duas semanas que Felipe retornara. Aos poucos se adaptava aos costumes brasileiros, dos quais sentira tanta saudade em sua estada nos Estados Unidos. Ah!, pensava consigo mesmo, como era bom sair nos fins de semana com os amigos, tomar um chopinho, curtir uma música ou simplesmente encontrar a turma e passar o tempo jogando conversa fora.

Sentia falta do lado espiritual, pois anteriormente era muito participativo, mas o novo emprego absorvia completamente seu tempo. O escritório em São Paulo, da sucursal da multinacional em que trabalhava, obrigava-o a viagens constantes, visitando clientes e preparando relatórios intermináveis, para reportar à matriz. O ritmo alucinante do trabalho, por outro lado, pensava, era bom. Quase não se lembrava de Antonina e parecia-lhe que o tempo voava.

Entretanto, pelo tempo que esteve no Exterior e agora pelo trabalho que tomava completamente seu tempo, Felipe sentia que o trabalho mediúnico fazia falta. Se antes participava ativamente do Grupo de Jovens, das campanhas e do relacionamento com os demais rapazes de sua idade que professavam a mesma doutrina, e que constituíam o seu círculo de amizade e relacionamento, agora era diferente.

O trabalho, suas responsabilidades, as viagens constantes, os relatórios intermináveis, as metas a serem atingidas, foram aos poucos fazendo com que Felipe se distanciasse cada vez mais da doutrina. Sabia que não era bom para sua sensibilidade mediúnica, pois é muito difícil manter elevado padrão vibratório ausente do trabalho com Cristo. Às vezes sentia-se nervoso e tinha consciência de que estava com suas energias desequilibradas. Dona Celina insistia com o filho que, pelo menos aos sábados, pudesse participar de alguma atividade no Centro. Mas qual o quê, com o tempo, Felipe não sentia mais vontade de integrar-se novamente aos trabalhos cristãos.

Na verdade, sentia-se cansado. O trabalho durante a semana era exaustivo e, quando chegava o fim de semana, Felipe queria mesmo era curtir com a turma e dormir até tarde no sábado e no domingo. O plano espiritual movido pelos créditos já conquistados do rapaz não o abandonava. Sua avó constantemente o envolvia em fluidos revigorantes e inspirações felizes, para que o neto querido, apesar de ausente das atividades espirituais, pudesse manter o equilíbrio.

A vida seguia em frente. Felipe sentia que faltava algo em sua vida, que pudesse preencher um espaço que estava vazio em sua alma, mas não sabia definir seu sentimento. Confundia às vezes, achando que poderia ser saudade de Antonina, e sacudia a cabeça para afastar os pensamentos, pois concluíra que jamais voltaria a vê-la. Às vezes entendia que o vazio que experimentava era a falta das atividades no Grupo de Jovens, nos trabalhos de caridade, mas não conseguia vencer a inércia que se estabelecera em seu peito.

Enquanto isto, Antonina experimentava novo período de provações e tristezas. Valdomiro decidira de vez que ela teria que ser sua, intensificando os ataques. Naquela tarde, com a ausência de sua mãe e com os demais empregados desenvolvendo suas atividades no jardim da mansão, o rapaz, a pretexto de pedir-lhe que o ajudasse na arrumação de seus pertences, atraiu-a para seu quarto. Antonina estava receosa, mas não teve alternativa. Com o coração sobressaltado atendeu a solicitação, mas, tão logo adentrou o quarto do rapaz, este fechou a porta, jogando-a sobre a cama.

Em desespero, gritou por socorro, mas Valdomiro com gestos calculados ria debochado de sua resistência:

— Pode gritar, minha querida! Mamãe não está e os outros estão lá fora. Pode gritar à vontade, pois ninguém vai ouvir!

A moça chorava traumatizada, lembrou que já fora vítima de violência anteriormente. Subitamente, recordou-se de Dona Celina, que sempre a aconselhava a ter fé em Deus. Buscou forças, nem ela mesmo sabe onde, libertando uma das mãos. Desferiu violenta bofetada, que estalou no rosto de Valdomiro ficando vermelho como pimentão e imediatamente estampando em sua fisionomia a marca de sua mão. A reação inesperada de Antonina deixou Valdomiro por alguns segundos apalermado, momento em que a moça dobrou o joelho, aplicando duro golpe em local de alta sensibilidade. O rapaz dobrou-se gemendo de dor, enquanto Antonina conseguiu abrir a porta, saindo desesperada em prantos. Buscou refúgio em seu minúsculo quarto, cuja dependência lhe era destinada naquela mansão.

Chorou copiosamente, sentindo-se humilhada e aviltada em sua honra! Meu Deus, pensava, por que tinha que passar por mais este vexame? Além do mais estava extremamente preocupada. Valdomiro não iria perdoá-la por sua atitude defensiva. Com certeza faria de sua vida um inferno, até que seus pais a despedissem. Não, ela não poderia ficar desempregada, pois de seu trabalho dependiam o sustento de seu filho e de Dona Filomena. Que situação, meu Deus, pensava, mas fazer o quê?

Terminou suas tarefas naquele dia e foi embora. Não mais viu Valdomiro, enquanto caminhava em direção à sua casa. As sombras da noite já cobriam com véu negro todo horizonte. Uma tristeza imensa se apoderou de seu coração. Em silêncio tentou fazer uma oração, mas parecia-lhe que não tinha forças e que sua prece não surtia nenhum efeito positivo. Sentia que voltava tudo novamente, como na época em que desejara colocar um fim em sua vida.

"Oh! Senhor, pedia súplice, auxilia-me! Não me desampare, Senhor, pois sinto-me sem forças para lutar."

Chegou em casa em estado de prostração de espírito. Nem o abraço carinhoso de Ismael e o beijo afetuoso da avó conseguiram reanimá-la. Dona Filomena preocupou-se com a neta, mas respeitou seu silêncio.

Na verdade, a boa velhinha já há alguns dias não vinha se sentindo bem, mas não queria incomodar a neta com seus problemas, pois percebia que Antonina vivia momentos difíceis em sua vida pessoal. Afinal, os últimos meses tinham sido para ela uma bênção na presença da neta e na alegria do bisneto, que ela cuidava com amor e desvelo. Dona Filomena, apesar da doença impiedosa que a consumia, sentia-se venturosa por ser útil a Antonina, cuidando de seu filhinho.

Naquela noite particularmente, sentia um mal-estar, pontadas no coração, e experimentava, preocupada, uma sensação de entorpecimento no lado esquerdo do peito e um adormecimento no braço, o que dificultava seus movimentos. Estranhos pressentimentos assaltavam seu coração. Olhava para Antonina, que se deitara mais cedo, e que juntamente com Ismael já adormecera. Sentia que sua neta era infeliz e gostaria de fazer algo para alegrá-la, mas sabia-se impotente. O que ela poderia fazer? E se ela morresse? Este pensamento a preocupou. Quem cuidaria de Antonina e Ismael? Meu Deus, abençoe Antonina e Ismael, proteja-os, Senhor, se por acaso eu vier a faltar. Não permita, Jesus, que meus queridos fiquem desamparados; seja para eles o sagrado refúgio para seus desencantos e sofrimentos, rogava em prece sentida, buscando em seguida o repouso no sono reparador.

Quando Valérius e eu aportamos na residência de Dona Filomena, já era alta madrugada. O relógio terreno registrava quatro e meia da manhã e o sol não tardaria a despontar no horizonte. Observei que, embora o ambiente estivesse saturado de bons fluidos, a presença desequilibrada de Alcebíades e Libório destoava, mas encontrava sintonia nas emanações mentais de Antonina, que estava em baixíssima sintonia vibratória, em conseqüência de sua angústia e de seus medos, oferecendo, assim, campo de atuação para nossos irmãos infelizes. Entretanto, tínhamos uma missão definida: aquele era o dia do desencarne de Dona Filomena. O Irmão Salustiano nos recepcionou, colocando-nos a par dos acontecimentos, pois a equipe espiritual que assistia nossa protegida era responsável pelo desligamento dos laços fluídicos. Eles tinham seu trabalho já em estado bem adiantado.

Observei Dona Filomena, lembrando-me com saudades do Assistente Demétrius[1], que nutria pela boa velhinha carinho especial. Nossa assistida estava adormecida e pude notar que sua condição espiritual era muito boa, pois tinha o hábito da oração e sua fé a fortalecia na confiança em Deus. Todos os centros de força estavam desligados, exceto o coronário, o frontal e o laríngeo que ainda prendiam o perispírito ao corpo denso de Dona Filomena.

Seria um desencarne suave e harmônico, pensei comigo mesmo, pois nossa protegida faria a passagem dormindo, em paz de espírito. Enquanto a equipe responsável procedia às últimas providências, notei que Dona Filomena, embora em estado de

---

(1) Personagem do livro *"Crepúsculo de Outono"*.

semi consciência, sabia que estava desencarnando. Entretanto, apesar da harmonia que envolvia seu processo desencarnatório, algo afligia Dona Filomena. Sob orientação de Valérius, procurei sua sintonia mental, verificando qual era o móvel de sua preocupação. A nossa protegida concentrava seus pensamentos na neta e não queria partir sem despedir-se. Sua memória voltava no tempo, recordando o nascimento e o carinho que sentira pela netinha e a afinidade que sempre tivera enquanto a menina crescia, identificando um sentimento especial em relação a ela. Não, não podia partir sem despedir-se de Antonina, pois percebera nos últimos tempos que a neta estava triste e com problemas. Não lhe contara nada, mas o estado de tristeza e perturbação de Antonina não lhe passaram despercebido, e Dona Filomena sofria em silêncio com a infelicidade da neta. Sabia que sua partida era inevitável, mas pedia a Deus em pensamento que permitisse pela última vez confortar Antonina, dizer-lhe que, onde estivesse, jamais a esqueceria, que a protegeria com todas suas forças, que velaria por ela, que pediria a Deus amparo e proteção para que Antonina pudesse ser feliz. A boa velhinha tinha os olhos rasos de lágrimas pela emoção, em virtude do solene momento que vivia no altar de sua consciência. Em seu pensamento, sabia que em breves instantes estaria transpondo o portal da eternidade e no tribunal de sua consciência, imaginava, estaria diante de Deus para julgamento de seus atos e de sua vida. Tinha no coração a convicção que o Pai se apiedaria dela, que na vida apenas conhecera a dor e o sofrimento, mas que não perdera a fé. Não, apenas não podia partir sem olhar a neta pela ultima vez, com os olhos materiais de sua pobre existência que se findava.

Valérius também acompanhava os pensamentos de Dona Filomena. Observei que ainda não tinham sido desligados os laços fluídicos do coronário, frontal e laríngeo, de forma que o Assistente solicitou à equipe interromper por momentos o processo, e assim foi feito.

Dona Filomena concentrou-se mentalmente num grande esforço, afastou-se do corpo físico, aproximando-se do leito onde Antonina experimentava grande agonia, nos pesadelos da perseguição feroz de seus algozes. A boa velhinha chamou a neta pelo nome repetidas vezes, mas Antonina na turbulência de seus pesadelos não registrava o chamamento, de forma que Dona Filomena, na cabeceira da cama, conseguiu vibrar com os punhos cerrados forte batida, por duas vezes consecutivas. Antonina acordou de imediato, transpirando, e para surpresa nossa identificou rapidamente a razão do barulho que a despertara:

— Vovó Filomena!

Pulou da cama em seguida, dirigindo-se ao leito da avó, que jazia adormecida no corpo físico, mas com a respiração descompassada e o coração pulsando de forma quase imperceptível. Antonina abraçou o corpo em lágrimas, pois percebera num relance que sua avó estava morrendo.

— Vovó, fale comigo! Pelo amor de Deus, ainda não se vá! Precisamos tanto da senhora, por favor, fale comigo!

O quadro era de comoção. Toda equipe espiritual permaneceu em silêncio respeitoso pelo momento tão sagrado, tão íntimo, em que almas afins se separam, por pouco tempo sabemos, mas aquele hiato é sempre triste pelo sentimento de perda do ente querido que se vai e pela saudade imorredoura que se instala nos corações dos que ficam. Se as criaturas encarnadas pudessem avaliar com antecedência, enquanto ainda estão na carne com saúde e tempo para modificar suas atitudes, o momento solene da partida, saberiam que apenas o espírito, apenas ele, no tribunal de sua própria consciência, é que avalia toda trajetória, recorda suas ações infelizes, seus erros e seus desacertos. Sorri com as lembranças felizes, mas chora pelas oportunidades não aproveitadas, injustiças cometidas, julgamentos equivocados, tempo desperdiçado, e ações menos felizes que praticou. Creiam, dariam tudo para poder retornar, retificar seus erros e enxugar as lágrimas que provocou, para alcançar a paz de consciência, mas... então... reconhecem compungidos que é tarde, pois já estão transpondo o limiar da eternidade!

Enquanto isto, Dona Filomena despertava pela última vez no vaso físico, ofegante pelo esforço despendido. Abriu os olhos com dificuldades pela exaustão dos fluidos vitais e pelo desligamento da maioria dos laços fluídicos, mas em excelente estado de lucidez. Olhou o rosto lavado de lágrimas de Antonina e ainda conseguiu sorrir, falando com voz quase apagada, apenas num sussurro:

— Minha netinha querida! Você foi quem me deu tanta alegria nestes últimos tempos, não poderia ir embora sem antes ver você pela última vez. Vamos, não chore, pois tenho certeza de que Deus me reserva algum cantinho, onde eu possa repousar e orar pelos nossos queridos. Vamos, não chore. Dême um beijo de despedida!

Antonina soluçava abraçada à avó. Cobria de beijos seu rosto enrugado e judiado pelos desencantos da vida. Acariciava seus cabelos brancos em transportes de ternura.

— Não, vovó, a senhora não vai morrer! A senhora ainda vai viver muito. Vai ver Ismael crescer e tornar-se moço! Ainda vamos estar juntas muito tempo para sermos felizes, tenha certeza!

— Ah! Antonina! Tudo tem seu tempo certo. Bem que eu gostaria de ficar um pouco mais com você, filha querida! Gostaria de ver você feliz com o seu Felipe, que tanto ama, de ver Ismael mocinho, de estarmos juntas mais tempo, mas a minha hora chegou! Estou com muito frio e não sinto os pés nem as mãos. O coração quase não bate, mas creia, se não fosse pela tristeza de deixar vocês, partiria feliz, pois além de você e Ismael, nada mais me restou na vida!

Antonina pressentia que a avó não mais tinha tempo, sua voz estava quase imperceptível e grande era seu esforço para falar.

— Vovó, tenho certeza que Deus a quer junto Dele; a senhora é uma criatura de bom coração. Peça por mim, por Ismael. Eu aprendi com Dona Celina que os justos e pacíficos partem na graça do Senhor que os acolhe. Os mensageiros divinos, os representantes do Pai, virão para que a senhora seja conduzida ao seio do Criador. Vá em paz, vovó. Nos momentos de saudades, rogarei a Deus em oração para que permita que a senhora me conforte em Seu Nome!

A partida era iminente. Dona Filomena reunira suas últimas energias para a despedida. Suas reservas tinham atingido a exaustão quase que completa. Recordei quando o Assistente Demétrius a havia socorrido há algum tempo atrás,[(2)] em que nossa assistida fora socorrida para reposição de energias. Os membros e o tórax do corpo perispiritual flutuavam alguns centímetros acima do corpo denso, tendo como último elo de ligação entre a vida física e a espiritual apenas os laços do cérebro físico e espiritual que sustinham Dona Filomena naquele último diálogo com Antonina. Sorriu pela última vez, concluindo:

— Filha querida, para mim você não foi neta, foi uma filha, uma protetora que me trouxe razão para viver e alegria ao coração. Não quero que fique triste. Confie em Deus, tire as sombras e as agonias do seu peito. Você merece ser feliz e será. Onde estiver, estarei velando por você, filha querida! Se pudesse ver o que vejo: o quarto está todo iluminado e os Anjos do Senhor me acenam dizendo-me que devo partir. Estão me dizendo que hoje será um dia de alegria nos céus, pois o Senhor está feliz com minha volta à Sua casa. Adeus, Antonina... Deus estará com você sempre em Seu coração e em Seu pensamento.

---

(2) Episódio da obra *"Crepúsculo de Outono"*. Nota do Autor Espiritual.

Uma lágrima rolou pela face descorada de Dona Filomena. A equipe rompeu o último elo fluídico que a sustinha e sua cabeça pendeu-se para sempre, exalando derradeiro suspiro. A boa velhinha despertou do nosso lado com bom nível de lucidez, identificando a equipe que a acolhia, particularmente Valérius que, em seu entendimento, confundia com um anjo.

Embora estivesse espiritualmente muito bem, Dona Filomena necessitava de repouso reparador, de forma que o Assistente aplicou-lhe um passe que a adormeceu serenamente, com o coração em harmonia, como prêmio dos justos que partem na paz do Senhor dos Séculos.

A aurora rompia na madrugada, enquanto os galos cantavam melancolicamente, como se despedindo daquela alma que partia radiosa para a pátria espiritual. Antonina enxugou as lágrimas, fitando o rosto de sua querida avó que cumprira sua missão na terra! Seus lábios ainda conservavam o sorriso da alegria de sua última visão.

Antonina naquele momento tomava uma resolução: em memória de sua avó, haveria de ser forte, enfrentaria com coragem todos os reveses e confiaria em Deus, pois a partir daquele dia Dona Filomena estaria velando por ela. O Assistente Valérius encarregou o Irmão Salustiano de acompanhar as providências, até que o corpo fosse baixado à sepultura.

Enquanto o sol despontava para mais um dia, inundando todos os recantos de luz e alegria, nossa equipe partia levando junto aquela alma valorosa e querida de Deus. Sim, aquele seria um dia de alegria e festa na casa do Senhor, pois Dona Filomena era uma filha muito amada que retornava ao Seu aprisco de amor.

Uma triste realidade

Era uma noite de sábado. A pedido de Valérius, encontrei-o na Mansão dos Jovens pontualmente às vinte e uma horas. Enquanto o Assistente concluía as visitas aos casos mais graves, eu o acompanhava discretamente, procurando observar atentamente, para que o aprendizado fosse proveitoso.

Notava que o Assistente projetava à altura do bulbo e do centro de força coronário fluidos saturados de energias poderosas provenientes dos planos mais elevados. O Assistente era um canal vivo que intermediava forças imponderáveis, a serviço do amor e da cura.

Alguns dos jovens que eu observava, embora amparados e em franco tratamento, apresentavam fisionomia imbecilizadas e dementadas, sem apresentar consciência do que ocorria ao seu redor. Vendo meu interesse, o Assistente aproveitou breve momento de pausa para esclarecer:

— Analise bem, Virgílio, a agressão que estes jovens perpetraram contra eles mesmos! Jogaram fora a bênção da saúde, do corpo físico saudável, a beleza e a juventude. Em troca de quê? De uma fuga? De uma viagem alucinante? Ah! Virgílio, a natureza é sábia e não admite abusos nem agressões. Assim também é nosso equipamento físico. Estes jovens demoraram alguns anos em auto destruição compulsiva, gerando como conseqüência importantes seqüelas no corpo perispiritual. A recuperação é lenta e demandará longo tempo para que novamente possam ter o acréscimo de misericórdia de nova reencarnação, que exigirá um corpo deficiente de forma a inibir novos desatinos. Para se destruir, basta um momento, mas a recuperarão exige, além do arrependimento sincero, vontade inabalável, trabalho árduo e incessante, e, por fim, deixar que o tempo se encarregue de retornar tudo no seu devido lugar. Compreendeu, Virgílio? Um minuto de fraqueza ou invigilância pode significar décadas de reparação e sofrimento.

As ponderações de Valérius soavam aos meus ouvidos como uma triste constatação. Na verdade, pensava comigo mesmo, o que falta às pessoas é um objetivo de vida, uma fé sincera, para que não percam o referencial do que é lícito ou ilícito; a falta de estrutura dos lares e da atenção dos pais, que têm a sagrada missão da paternidade e da maternidade, acaba por permitir que nossos jovens trilhem por caminhos perigosos. Mesmo que bem intencionados, muitos pais querem poupar os filhos, todavia pecam, pois os jovens exigem de nós, a todo instante, que lhes ofertemos nosso amor e atenção, mas sem abdicar da autoridade. A tolerância desmedida, a indolência, a falta de educação, a falta de responsabilidade nos estudos ou no trabalho, permitem espaços perigosos que são preenchidos por pensamentos negativos e sugestões de experiências perigosas de criaturas inescrupulosas que conhecem melhor os filhos que os próprios pais. Daí para o vício, é um passo apenas, cujo retorno demanda tempo e sofrimento extremo. Às vezes a volta é impossível e preciosas vidas são ceifadas nesta luta desigual, cuja responsabilidade começa dentro do lar.

O Assistente aguardou pacientemente que eu concluísse minhas ilações. Em seguida prosseguiu:

— Muito se tem perguntado o que leva um jovem a trilhar um caminho tão pantanoso, como o das drogas. Alguém poderia dizer que é por fuga, outros por desespero, ou ainda pelo lar desestruturado ou pela curiosidade de experimentar algo diferente. Não podemos nos esquecer das companhias de nossos filhos. Do círculo de amizades. O jovem vive o perigoso momento da auto-afirmação e não pode ser diferente dos colegas. Se algum já tem o vício, fatalmente ele também irá experimentar, pois não pode ficar *"por fora"* do grupo. Não queremos questionar o motivo, pois sempre existem as razões. Entretanto, o que é mais perigoso não é o motivo que leva o jovem ao vício, mas a falta de atenção e o distanciamento dos pais, que deixam lacunas que permitem aos filhos entrarem nesta aventura tão perigosa e, quando isso ocorre, quase nunca percebem de imediato o que está acontecendo com eles. A mudança de hábitos, o desinteresse nos estudos, a necessidade desmedida de dinheiro, a agressividade sem razão, o nervosismo, a preguiça, a vontade de dormir exagerada durante o dia, os hábitos noturnos e as companhias deveriam ser um sinal de alerta que infelizmente às vezes demoramos a perceber. Quanto tempo levamos sem ter uma conversa sincera e amiga com nossos filhos, olho no olho? Se tivéssemos este hábito, certamente perceberíamos o primeiro sintoma que fica refletido nos olhos do filho drogado: a irritação que se manifesta nas artérias da íris, em tonalidade vermelha como reação das drogas no globo ocular, é indisfarçável.

Valérius fez uma pequena pausa para que eu pudesse fazer os apontamentos, enquanto projetava energias em um jovem que ocupava um leito ao nosso lado, cujos olhos esgazeados me davam uma idéia do sofrimento e do difícil processo de readaptação que o esperava. Enquanto aguardava o Assistente concluir seu atendimento, aproveitei para acompanhar o trabalho da equipe da Mansão dos Jovens que, com dedicação, despendia esforços no sentido de minorar o sofrimento, com terapias e projeções fluídicas balsamizantes. Pude então notar que alguns assistidos apresentavam o corpo perispiritual impregnado por substância escura, que atingia desde o cérebro, o bulbo, descendo pelo sistema nervoso e invadindo as artérias. Notei que, um a um, eram levados a uma ala isolada da enfermaria. Neste ínterim, Valérius já estava ao meu lado, esclarecendo:

— As marcas e as substâncias que você pôde observar, são as conseqüências espirituais das drogas que aspiradas, fumadas ou injetadas, viajam pela corrente sangüínea, atingindo o cérebro físico, provocando de imediato um entorpecimento no Centro de Força Coronário, o ponto de ligação do espírito com o cérebro físico. O espírito perde parcialmente o comando do corpo físico e o cérebro experimenta sensação de euforia, perdendo a noção da realidade pelos estímulos poderosos das drogas que fluem pelo bulbo. O cérebro descontrolado e sem comando do espírito emite sensações irreais para todo corpo através do sistema nervoso que fica extremamente afetado. A irrigação sangüínea fica deficiente e prejudicada pela ação dos tóxicos, enquanto o coração trabalha com sobrecarga para compensar a oxigenação deficitária a todos os órgãos e ao cérebro. O aumento da pressão é uma conseqüência perigosa que, descontrolada, pode levar à morte o paciente, se for portador de deficiências coronárias. Entretanto – prosseguiu Valérius – os problemas não param por aí, pois existem as conseqüências espirituais. Os fluidos volatizados da droga convergem para todo o corpo perispiritual, fluindo desde o centro coronário até o plexo solar, onde se consolida num círculo vicioso que retorna ao cérebro, como dependência da droga que já se manifesta no corpo físico do paciente, resultando na angústia perispiritual que exige a constante presença da droga para se *"acalmar"*. O corpo físico como máquina perfeita criada por Deus reúne suas defesas para preservar a vida, mas com o tempo acaba por se acostumar, criando então a dependência, pois o organismo passa a segregar substâncias defensivas que exigem a presença da droga, para então combatê-la. Como vemos, os desatinos com nosso corpo físico, além das conseqüências desastrosas na saúde, trazem para o *"lado de cá"* também as conseqüências que se refletem no corpo perispiritual, como você observou poucos instantes antes. Isto terá que ser expurgado, para que o espírito desencarnado se livre da angústia que o acompanha *"post mortem"*. Todavia, as seqüelas do corpo perispiritual apenas serão expurgadas no corpo físico, e se manifestarão como deficiências físicas em próxima reencarnação.

As ponderações de Valérius levavam-me à meditação. Quanto sofrimento e angústia colocamos em nosso caminho, quando nos falta um objetivo de vida, um direcionamento, uma religião e uma fé sincera! Entretanto, conquistamos o livre-arbítrio, em cujo exercício evolutivo acabamos por também adquirir o direito de errar e aprender com os erros. Jesus, o Mestre de amor e misericórdia, nos alertou que *quem não caminhasse pelo amor, caminharia pela dor.* Quanta dor poderíamos evitar, se tivéssemos mais amor no coração e bom senso no exercício do livre-arbítrio!

Entretanto, notara que muitos jovens haviam sido levados a uma sala de isolamento ao lado da enfermaria. Antecipando minha pergunta, Valérius me informou que se tratava do Centro de Terapia Intensiva, para os casos mais graves. Em seguida, convidou-me a acompanhá-lo. Adentramos uma ampla sala saturada de luzes de tonalidade verde claro. Notei a existência de dezenas de leitos, onde se encontravam acomodados jovens adormecidos em tratamento intensivo; os leitos eram envoltos em tendas transparentes e hermeticamente fechadas. A convite do Assistente, aproximei-me, observando que na cúpula da tenda havia um aparelho que irradiava suave luz clara, cujo centro possuía um vórtice que girava no sentido anti-horário, sugando em forma de atração gravitacional substância escura que era exsudada do corpo perispiritual dos jovens em tratamento. Fiquei maravilhado diante do quadro presenciado, pois percebi naquele instante a dimensão do trabalho desenvolvido naquela ala de isolamento. Valérius completou minha ansiedade de conhecimento:

— O que acabou de observar, Virgílio, é um trabalho que é aplicado em casos mais graves, no qual a desintoxicação se faz mais complexa, necessitando do concurso de aparelhos sofisticados, após terem sido esgotados os demais recursos naturais. O espírito necessita livrar-se da guante impiedosa da angústia dos tóxicos que o torturam após a morte do corpo físico, por ainda se encontrarem impregnados nos tecidos delicados do corpo perispiritual. Dessa forma, muitos têm que passar por este tratamento para se livrarem das toxinas que, pela sua própria condição, já lesaram a tessitura delicada do perispírito, apresentando como conseqüências deformidades congênitas no futuro corpo a ser gerado em futura reencarnação.

Que pena, pensei comigo mesmo, pois aqueles irmãos já haviam plantado a semente da dor em forma da droga, para ser colhida em uma futura existência. *"A semeadura é livre, mas a colheita é obrigatória"* nos asseverou Cristo com sabedoria.

Valérius acompanhava meu pensamento, sorrindo com tristeza diante daquele quadro com o qual já estava acostumado, pelos anos que se dedicava àquela instituição de amor, mas que ainda o sensibilizava diante dos sofrimentos.

— O ser humano, Virgílio, um dia terá plena consciência de sua essência divina, e com certeza conquistará o respeito para consigo mesmo. Até lá, infelizmente ainda não conseguiu ultrapassar o primeiro ensinamento da lei, recomendado por Jesus: *"Amar a Deus sobre todas as coisas e ao próximo como a ti mesmo"*. Como poderá amar a Deus e ao próximo, aquele que ainda não ama a si mesmo? Aquele que não se respeita? Aquele que não valoriza sua saúde e sua vida? Entretanto

– completou o Assistente –, não podemos desanimar. Sigamos em frente, pois a pedra bruta apenas se transforma no diamante refulgente e perfeito, após os duros golpes do buril que a lapida pacientemente para que revele a luz e a beleza contida em seu interior. Assim é a alma humana. Assim somos nós.

Já eram altas horas da madrugada de sábado. O Assistente convidou-me a acompanhá-lo em uma incursão até a crosta. Aquiesci satisfeito, enquanto vencíamos o espaço em grande velocidade volitiva. Aproximamo-nos de uma grande cidade do interior de São Paulo. Fazia calor intenso e, embora fosse madrugada avançada, observei que aquela rua apesar de afastada do centro urbano estava cheia de jovens que ouviam música barulhenta, tomavam cerveja e riam alto. Válerius esclareceu-me que aquela rua se tornara ponto de encontro da maioria dos jovens daquela cidade. Observei que a atmosfera espiritual era pesada, com presença de irmãos nossos do astral inferior, bem como de outros na condição de sofredores, que buscavam naquele ambiente uma forma de acalmarem a angústia espiritual da qual muitos eram portadores, em função de ainda estarem magnetizados pelo hábito do vício da bebida, do fumo e das drogas.

Rapazes e moças se entregavam em atitudes promíscuas, sem se importarem se o local era público, de forma que o Assistente e eu presenciávamos cenas constrangedoras.

Notando meu espanto, Valérius asseverou:

— Irmão Virgílio, acima de tudo recomenda-nos o Evangelho do Cristo que devemos observar estes desatinos pela ótica da caridade. Estes jovens que se drogam, que se deixam conduzir por caminhos tão tortuosos, poderiam ser nossos filhos! Antes de mais nada, antes de afiarmos o verbo na crítica inoperante e destrutiva, diante do mal, façamos sempre a pergunta: O que posso fazer para minorar o sofrimento de meu irmão? Sem dúvida, se conseguirmos agir desta forma, o mundo se tornará cada vez melhor, com atitudes cristãs e positivas do ser humano que evoluiu, respeitando-se e ao próximo, e, conseqüentemente, amando a Deus sobre todas as coisas.

Enquanto Valérius dissertava, aproximamo-nos de um grupo cujas vibrações de angústia se faziam sentir a distância. Estarrecido, observei que compartilhavam entre si uma seringa, cuja droga era aguardada por cada um com ansiedade, quase com desespero. Enquanto cada qual inoculava em si mesmo, notei que, à medida que o tóxico fazia efeito, as regiões do cérebro eram afetadas pela ação poderosa, os corpos perispirituais de cada um ficavam parcialmente desprendidos do corpo físico, enquanto espíritos sofredores e obsessores se aproveitavam para sugar energias, inclusive as emanações tóxicas das drogas exsudadas pelo corpo somático daqueles jovens. Em seus delírios e invigilância, serviam de instrumento para satisfação dos desejos desequilibrados de nossos irmãos desencarnados menos felizes. A simbiose que se estabelecia era extremamente perigosa, considerando que os desejos e angústias dos encarnados adquiriam grande dimensão, diante das sugestões poderosas dos espíritos desequilibrados, que, naquela condição, assenhoreavam completamente o livre-arbítrio dos encarnados, praticamente, anulando-lhes a vontade. Observei preocupado que aqueles jovens trilhavam caminhos pantanosos à beira de verdadeiros despenhadeiros e o que era mais grave: não tinham consciência do perigo, nem tinham forças para se livrarem sozinhos de tão terrível situação.

Notando minha preocupação, o Assistente esclareceu-me:

— Veja, Virgílio, a evolução não se conquista aos saltos, e sim degrau por degrau. A sabedoria infinita do Criador nos ensina que o espírito eterno em sua jornada evolutiva deve progredir sempre, aprendendo, amando e sofrendo, sorrindo ou chorando, caindo e levantando-se, pois a vida é uma escola em que estamos sempre aprendendo. Por esta razão, a Justiça do Criador obedece a leis perfeitas, senão vejamos: enquanto os pais muitas vezes despreocupados desconhecem o que acontece com seus filhos, algumas vezes por comodismo, outras vezes por ignorância, outras vezes por excesso de liberdade, seus filhos caminham em direção ao sofrimento, à angustia e à dor, da qual certamente um dia haverão de se libertar, após purgarem toda sorte de mazelas que atraíram voluntariamente para si mesmos. Enquanto isto, outros jovens, como os que conhecemos, dedicam seu tempo em favor do próximo, buscando a alegria saudável da vida, construindo um futuro de paz e harmonia. Então é justo que aquele que planta uma flor colha o perfume que fez por merecer, enquanto aquele que semeia espinhos, colha a dor em seu caminho, pois apenas desta forma um dia irá reconhecer o devido valor dos talentos que hoje malbarata voluntariamente.

A madrugada ia avançada e o Assistente com um sinal indicou que partiríamos em demanda a outro lugar. Em poucos instantes aportávamos em uma rua, perto do centro de São Paulo. O número de mendigos deitados ao relento e em baixo de viadutos era impressionante. Colchões rotos improvisavam leitos na madrugada fria, que contrastava com o calor da cidade onde estivéramos minutos antes. Homens, mulheres e crianças dormitavam amontoados em condições sub-humanas. Um bebê chorava reclamando fome, enquanto a mãe oferecia o seio murcho que era sugado com sofreguidão, sem entretanto encontrar o alimento suficiente para aplacar a fome da criança que continuava a chorar.

De repente notamos que uma perua juntamente com mais dois carros aproximou-se do grupo. Reconheci de imediato a figura de Carlinhos e sua equipe espiritual, que sorriu feliz com nossa presença. Abraçou-nos dando-nos boas vindas ao trabalho, enquanto os jovens sob a orientação de Paulo desciam dos veículos.

Pareceu-me que o grupo de necessitados já aguardava aquela visita, pois imediatamente se levantaram de forma ordeira, perfilando-se com as crianças e mulheres à frente. Paulo e seus companheiros abriram a parte de trás da perua, onde identificamos a presença de enorme vasilha. No momento em que a tampa foi aberta, tépida fumaça subiu demonstrando que a comida estava aquecida, ao mesmo tempo em que saboroso cheiro de sopa chegou até nosso olfato, indicando que a refeição possuía qualidades nutritivas suficientes para uma boa refeição daquela gente. Os pratos foram rapidamente distribuídos juntamente com pãezinhos, para satisfação geral.

Enquanto o trabalho na esfera material prosseguia, Carlinhos orgulhoso esclarecia-nos:

— O trabalho foi intenso esta noite. A miséria é muito grande e aumenta dia a dia o número de necessitados que perambula pelas ruas sem ter um teto que os abrigue e sem ter para onde ir. Esta seria a melhor solução? Sabemos que não e nossos jovens têm consciência disto, pois não iremos resolver os problemas desta gente com a distribuição de comida ou roupas, mas não podemos simplesmente cruzar os braços diante da desgraça alheia. Segundo nos recomenda o Evangelho do Cristo, devemos sempre perguntar: o que podemos fazer para amenizar o sofrimento de nosso irmão necessitado? Aqui está a resposta: antes de mais nada, não se trata apenas de distribuir um prato de sopa ao faminto, mas de um gesto de carinho e atenção para estes nossos irmãos infelizes que muitas vezes se esquecem que também são gente, filhos de Deus como nós! É a caridade praticada com respeito e sem humilhar quem estende a mão.

Enquanto ouvia as elucidações de Carlinhos, eu observava a forma respeitosa com que aqueles jovens tratavam aos seus assistidos. Atenção e carinho sem afetação permitiam que cada um sentisse que estava diante de irmãos melhores aquinhoados na vida, mas que nem por isto os tratavam com desrespeito, muito pelo contrário, havia naquele pequeno grupo singela demonstração de humanidade e respeito pelos menos afortunados da sorte.

— Este já é o terceiro caldeirão distribuído esta noite – considerava Carlinhos. – Em seguida, será concluída a tarefa da noite, que retomará na próxima sexta e sábado. É um trabalho que vem sendo desenvolvido ao longo dos anos e que nos tem dado muita alegria, pois, juntamente com o pão material, nossos jovens deixam também a palavra do Cristo como reconforto. Devemos ter consciência de que juntamente com o pão espiritual deve também acompanhar o pão material; o estômago vazio contrasta com a prática da caridade. A fome é mais aguda e dolorosa que o fio da espada!

Alguns minutos mais, a assistência estava concluída. Aquele punhado de necessitados agradecia a Deus e aos rapazes que, solícitos, se despediram. Carlinhos e sua equipe acompanharam os jovens, enquanto Valérius completava:

— Compreende, Virgílio? Enquanto alguns simplesmente ignoram seus semelhantes e destroem voluntariamente sua saúde entregando-se às drogas, outros estão entregando seu tempo. Poderiam estar em confortáveis camas dormindo, descansando ou simplesmente se divertindo, mas preferem levantar os caídos, dando alimento aos famintos e oferecendo a palavra de bom ânimo, em nome de Jesus. Dessa forma, é justo que as recompensas a cada um sejam diferenciadas, de acordo com o que cada um semeou. É a lídima recompensa dos justos.

Reconheci que sem dúvida Valérius ponderava com muita propriedade, pois realmente aquele trabalho me enchia o coração com um sentimento de alegria sublime. Guardadas as devidas proporções, a espontaneidade e o carinho com que aqueles jovens se dedicavam aos menos favorecidos da sorte, recordavam-me a fraternidade e o sentimento profundo de amor que Francisco de Assis oferecia aos seus pobrezinhos!

Com um gesto, Valérius convidou-me ao retorno à Mansão dos Jovens. A experiência da noite estava encerrada e, enquanto nos elevávamos no espaço, sentia a suave carícia da brisa matutina em meu rosto. O céu parecia um manto cravejado de diamantes, enquanto as Plêiades faiscavam no firmamento, acenando-nos a alegria do Criador. Com os olhos em lágrimas pela emoção, ofertei minha prece de agradecimento a Deus pela oportunidade bendita do aprendizado em Sua Seara Bendita. O sol não tardaria a despontar no horizonte, oferecendo um novo dia de luz e amor à toda humanidade.

Conhecendo o Evangelho

Gustavo experimentava sensível melhora. Os médicos haviam suspendido o tratamento de choque e os barbitúricos não foram mais aplicados, de forma que aos poucos o médico começava a recuperar sua melhor condição de lucidez e raciocínio, embora ainda sentisse algum entorpecimento e uma certa limitação em função da ação residual dos medicamentos.

À medida que o médico se recompunha, aumentava sua capacidade de retenção das lembranças em forma de sonhos, provenientes dos encontros espirituais que mantinha com o filho, sentindo-se estimulado, o que contribuía significativamente em seu estado geral de recuperação. Cada vez que acordava, o médico retinha lembranças esparsas mas suficientes para retomar sua vontade de viver. Seu entristecido coração começava novamente a perceber um sentido de alegria que perdera desde o desenlace do filho.

Thiago, como filho dedicado e amoroso, procurava incutir no coração paterno um sentimentos de alegria e esperança, alcançando sucesso em seu objetivo, pois Gustavo pelo sentimento afetivo tão elevado que nutria pelo filho, embora não retivesse e nem pudesse recordar o teor das considerações de Thiago, conservava na acústica do espírito as exortações recebidas, de forma que seu padrão vibratório aos poucos se elevava, pela sublimação dos sentimentos paternais.

Os médicos que acompanhavam seu tratamento se mostravam impressionados com o caso. Ainda há poucos dias, era um paciente prostrado, sem qualquer reação, como que condenado à morte, dado seu desinteresse pela vida, e agora, sem mais nem menos, transformara-se em um fenômeno de recuperação. A sensibilidade do médico chefe foi fator extremamente importante, quando, ao identificar reação positiva do paciente, imediatamente tomou a decisão de suspender temporariamente os poderosos calmantes, para que pudesse ter uma idéia mais adequada da evolução do paciente. Foi uma decisão inspirada e salvadora, pois Gustavo não resistiria muito mais tempo submetido àquele tratamento que minava aos poucos sua condição física e inibia sua sensibilidade espiritual.

Aquele era um domingo especial para Fabíola, que estava muito feliz. Visitava regularmente o marido e, embora ainda não tivesse perdido as esperanças, via entristecida que seu esposo desistira de lutar pela vida e isto a preocupava. Quando soube que Gustavo dera sinais de melhora, orou a Deus agradecida e juntamente com Luciana se dirigiu ao hospital para rever o esposo, exatamente no momento em que o Grupo de Jovens comandados por Paulo retornava para a visita que haviam efetuado também uma semana atrás.

Como o grupo procedia à leitura de uma página do Evangelho, Fabíola e Luciana permaneceram em silêncio respeitoso, enquanto Paulo concluía a exortação da palavra de Jesus de forma tão carinhosa, que a esposa de Gustavo se emocionou ao perceber que o marido acompanhava atentamente a dissertação do jovem.

Terminada a preleção, Fabíola pediu licença aos jovens, aproximou-se do marido, abraçando-o com carinho e emoção incontida. Luciana também aproximou-se do pai, que a beijou com sentimento de alegria como há muito tempo não fazia.

Gustavo com esforço conseguiu articular as palavras, procurando expressar o sentimento que trazia na alma:

— Fabíola, Luciana, minhas queridas! Quantas saudades! Só que eu não tinha mais sensibilidade para dizer-lhes, pois estava morto em vida! Devo muito a estes jovens, que por caridade têm orado por mim, eu que me recusava a acreditar em Deus! Confesso que ainda tenho muitas dificuldades, mas sinto que a memória de Thiago tem povoado minhas lembranças e que nosso filho quer que eu viva, para buscar os exemplos dignificantes destes jovens e reconhecer que a vida vale a pena! Ah! Fabíola! Tenho sonhado muito com Thiago e sua imagem é de alegria. Vejo-o sempre feliz em campos floridos, em que as luzes se estendem por toda parte, o que me foge da compreensão. Tenho vivo em minha lembrança o que Thiago me disse, na última vez que o vi, que ele era feliz, que estava bem, que Deus era bondade e justiça, mas ainda havia algo que o impedia de ser completamente feliz: era o meu desespero e a angústia que invadia minha alma. Vocês são espíritas, não são? – completou Gustavo, dirigindo-se a Paulo.

— Sim, Dr. Gustavo – respondeu o jovem –, somos espíritas e temos muita satisfação em poder compreender a fé raciocinada do espiritismo, pois no Evangelho encontramos a resposta para todas as nossas dúvidas e os porquês da vida. Não existe um efeito sem causa e nem sequer uma ação sem uma reação correspondente. Jesus nos disse um dia que não cai nenhum fio de nosso cabelo, sem que Deus o saiba.

O médico sorriu com lágrimas nos olhos, abraçado pela esposa e pela filha. Em seguida completou:

— Então, por caridade, digam-me que não estou ficando louco. Tenho realmente encontrado meu filho? Existe vida além da morte? Deus existe de verdade? Se existe, por que nos reserva provações tão dolorosas e tristes e nos priva dos entes que mais amamos? Qual o sentido da dor e o que Ele espera de cada um de nós?

Os jovens sorriram diante da sinceridade ingênua de Gustavo. O médico estava fragilizado em seus sentimentos, parecendo uma criança que busca amparo e apoio para se fortalecer. Paulo, cuja sensibilidade mediúnica era bem apurada, sentiu-se envolvido em fluidos elevados, de forma que altamente inspirado respondeu:

— Dr. Gustavo, tranqüilize seu coração. Não tenha dúvidas de que o senhor tem encontrado seu filho em seus sonhos, pois durante o sono o espírito se liberta do corpo físico e, amparado pela espiritualidade, pode encontrar-se com seus entes queridos que demandaram à pátria espiritual, desde que haja condições para isto. Mas – completou o rapaz – guarde consigo a convicção de que seu filho é muito querido de Deus, e por isto o Pai o quis junto Dele. No entanto, no plano onde ele se encontra tem velado pelo senhor, como se o senhor fosse o filho e ele o pai. Seu filho o ama muito, e para que possa realmente ser feliz e prosseguir em suas tarefas, junto aos planos mais elevados, confia que o Senhor possa voltar novamente a viver com alegria e amor no coração. O senhor também é um filho muito querido de Deus.

O médico ficou em silêncio por instantes, pensativo. Por fim, com um sorriso triste nos lábios, concluiu:

— Confesso que nestes últimos dias tenho meditado muito. Sinto-me como que me libertando de terrível pesadelo, pois via-me fora de mim mesmo e sem condições de retornar ao controle de meu próprio corpo. Que sofrimento! Que angústia sem nome! Até o dia em que vocês vieram e cantaram de forma tão singela a música do aniversário de Thiago! Não podem imaginar o bem que me fizeram. Deus lhes abençoe pela caridade! Vejam, até já falo em Deus! Mas, tão logo eu receba alta e tenha condições, gostaria de conhecer melhor a doutrina que professam, de participar, de ser útil de alguma forma! É o que sinto que Thiago deseja de mim e tudo farei por meu filho querido!

Gustavo falava emocionado. Fabíola e Luciana choravam discretamente e os jovens também não continham a emoção. Entretanto o tempo era precioso e, embora desejassem continuar por mais tempo levando o consolo do esclarecimento àquela alma necessitada, havia outros pacientes a serem visitados. Paulo prometeu que estariam todas as noites vibrando pelo pronto restabelecimento de Gustavo. Saíram, não sem antes deixar com Fabíola o endereço do Centro. A esposa de Gustavo prometeu ir até lá com o marido, assim que estivesse em condições mais favoráveis de saúde. Luciana não comentou nada, mas no fundo ficou impressionada com a alegria e o desprendimento daqueles jovens. Em seu íntimo, desejou fazer parte daquele grupo, e com certeza iria fazê-lo também, em homenagem à lembrança de seu querido irmão.

Tão logo o grupo de Paulo se retirou, esposa e filha abraçadas a Gustavo agradeceram emocionadas a Deus pela sua recuperação, pois Fabíola já havia perdido as esperanças de ver o marido com saúde novamente.

A equipe médica estava satisfeita com o restabelecimento do colega e todos suspiraram aliviados com seu progresso; era um caso *"sui generis"* e de muita responsabilidade cuidar de um colega de profissão, de forma que em pouco tempo lhe deram alta hospitalar.

Gustavo percebeu o quanto era querido e quantos amigos tinha, quando retornou à sua casa. Fabíola fora buscá-lo no hospital juntamente com Luciana e, quando chegou em seu lar, chorou de emoção, a ver na porta a presença de quantos foram saudar seu retorno à vida.

O médico percebia que, se por um lado perdera a grande motivação de sua existência com a partida de Thiago, descobria agora, após experiência tão dolorosa, o valor da fé, do carinho dos amigos, do abraço caloroso da filha e da esposa, que a vida continuava e que ainda havia motivo para continuar lutando. Ainda valia a pena continuar vivendo, pois tudo o que fizesse doravante seria para enfeitar a memória do filho querido. Todas as sua ações e atitudes seriam em homenagem a Thiago. Sim, onde estivesse o filho haveria de se orgulhar dele e com certeza, se Deus realmente existia, haveria de reconhecer nele um grande esforço, no sentido de se redimir de sua descrença do passado.

Sabedores que Gustavo tivera alta hospitalar, Paulo e seu grupo foram até sua residência naquela noite. Fizeram o Evangelho, cujo comentário ficou guardado no coração do médico que, com os olhos fechados, viajava nas suaves vibrações que o envolviam. Sensibilizou-se, quando ouviu na explanação a parábola da volta do filho pródigo. Sentia-se como sendo ele o próprio filho pródigo, que deixara um dia a casa do Pai para aventurar-se no mundo, esquecendo-se da existência do próprio Criador, até que, vencido pelo sofrimento e pela dor, resolveu retornar humilde ao lar paterno! Sim, percebia que aquele era um dia de alegria e de festa, pois reconhecia que estava retornando para um lugar onde era aguardado com muito carinho, do qual se distanciara por livre-arbítrio, mas ao qual sempre pertencera, e que era parte integrante daquele meio.

Naquela noite, quando adormeceu ainda envolto nas blandiciosas vibrações da prece, sentiu que era levado para um jardim todo florido e iluminado. Olhou em sua volta com os sentidos atentos. Percebia que suave música inundava o ambiente, enquanto um sentimento de paz enchia seu coração de esperança e alegria, como há muito tempo não sentia. Não conseguia divisar nenhuma presença, mas de repente identificou Thiago que, sorrindo, estendia os braços luminosos em sua direção. Em êxtase, ajoelhou-se, com os olhos em lágrimas, e em profundo sentimento de agradecimento disse em voz alta:

— Graças lhe dou, Senhor, por permitir que eu possa novamente estar junto de meu filho querido! Perdoe-me, Senhor, se um dia duvidei de Sua existência e de Sua bondade infinita! Meu filho está aqui novamente, e para mim, Senhor, já basta como prova de que nunca nos desampara em nossa ignorância.

Thiago abraçou o pai amoroso, estreitando-o em seus luminosos braços. Beijou com reverência seu rosto molhado pelas lágrimas sinceras de arrependimento.

— Meu pai querido! Como pedi ao Senhor dos Séculos por este momento, para que seu coração pudesse romper a couraça em que se enclausurou há tanto tempo! "Bendito seja, Senhor, por resgatar meu querido pai para Seu seio amoroso"!

Gustavo qual criança feliz se deixava levar docilmente pelo filho amado! Abraçados, sentaram-se em um banco do jardim da Mansão dos Jovens, em mais um encontro, sob os auspícios da espiritualidade superior. Thiago aproveitava os minutos para incutir alegria e esperança no coração do pai, para que, quando ele despertasse, pudesse guardar em sua retina espiritual a visão e a lembrança do que lhe seria permitido recordar em estado de consciência.

— Sim, papai! A casa do Senhor está em festa, pois o senhor foi o filho pródigo simbolizado hoje no Evangelho! Posso dizer-lhe que hoje é um dos dias mais felizes de minha existência; o senhor resgatou em seu coração o sentimento de fé, desde há muito esquecido. Doravante, papai, procure no Evangelho o esclarecimento, para que seus passos sejam norteados na fé do Cristo. Trabalhe pelo bem e cada criança, cada necessitado que auxiliar, faça-o como se a mim o fizesse. Verá que quem caminha com Jesus não anda em trevas, mas terá a luz do entendimento. O Reino de Deus é de alegria, portanto, alegremonos no Senhor!

Gustavo nada mais viu. Quando despertou no dia seguinte, sentia que novo ânimo agasalhava seu coração e juntamente com a luz do sol que se levantava no horizonte, oferecendo um novo dia de oportunidades renovadas, também para ele um novo amanhã despontava como um novo recomeço. Recordava vagamente a figura do filho, que o abençoara, mas sentia que seu coração estava renovado na alegria e esperança. Parecia-lhe que as tristezas e as incertezas estavam para sempre banidas de sua alma. Lembrava-se de que Thiago lhe havia dito que era necessário conhecer o Evangelho. Sim, pensava resoluto, por Thiago procuraria o entendimento e a luz do Evangelho do Cristo e tudo faria para honrar a memória do saudoso filho!

O recanto da paz

Já havia transcorrido um mês do desencarne de Dona Filomena. Naquela tarde, quando me encontrei com o Assistente Valérius na Mansão dos Jovens, manifestei desejo de visitá-la, para acompanhar sua evolução.

O Assistente sorriu prazerosamente ante a manifestação de meu desejo.

— Irmão Virgílio, já de antemão sabia que mais dia, menos dia, haveria de fazer-me este pleito. Saiba que é com muita satisfação que acolhemos nossa irmã em nossa colônia, considerando o desejo de nosso querido Demétrius! Vamos – incentivou-me –, pois hoje faz um mês do seu desencarne, e nossa irmã tem apresentado evolução surpreendente para todos nós.

Com o coração cheio de alegria, segui os passos de Valérius. Saímos para fora do pronto-socorro, atingindo as alamedas frondosas que circundavam a Mansão dos Jovens. Passamos em frente ao edifício do *"Ensinamento para todos os Planos"*, para alcançarmos o *"Recanto da Paz"*, para onde eram encaminhados os recém desencarnados de nossa região que se encontravam em melhores condições de atendimento. Na verdade, não era bem um pronto-socorro propriamente dito, pois os pacientes que lá se encontravam eram aqueles que haviam desencarnado em boas condições de equilíbrio espiritual e, dessa forma, não necessitavam de tratamento mais sério; apenas necessitavam de repouso e assistência para recomporem suas energias, bem como superarem a condição de perturbação própria do período pós desencarne. Segundo me informou Valérius, era lá que se encontrava acolhida dona Filomena.

Adentramos amplo salão, onde alvos leitos acolhiam pacientes das mais diversas condições. Homens, mulheres, jovens e idosos encontravam-se alguns deitados em condição de repouso, outros levantados, outros apenas sentados. Mas o que diferenciava mesmo dos demais nosocômios que já conhecera era a condição dos assistidos. De um modo geral, encontravam-se revestidos de suave halo claro a envolver-lhes o coronário, como condição de equilíbrio espiritual. O ambiente exalava suave perfume de jasmim, enquanto vibrações de paz e harmonia inundavam todos os recantos daquele ambiente. Aqui e acolá, enfermeiros dedicados davam assistência para a manutenção do ambiente e dos pacientes, cujo maior impecilho ainda era a saudade dos entes queridos domiciliados na matéria.

Não nos detivemos no salão de repouso. Após percorrermos longo corredor, atingimos uma saída em forma de portal, que se abria pelo meio, de ambos os lados. Desde o princípio de meu estágio na Mansão dos Jovens, aquela era a primeira vez que penetrava naquele recinto. Tão logo transpusemos o portal que dava acesso à parte exterior, a visão que descortinei me deixou extasiado: amplo jardim se estendia à minha visão. Senti-me deslumbrado diante da beleza das flores de diversos matizes, enquanto frondosas árvores serviam de pousada para pássaros de plumagem multicolorida. A música ambiente extasiava meus sentidos em harmonia com o trinado dos pássaros, enquanto a luz do sol, que irradiava do mais alto, oferecia-nos espetáculo maravilhoso pelas cores do espectro solar que se decompunha diante dos meus olhos deslumbrados, desenhando a figura de belíssimo arco-íris, provocado pelos cristais de vapor provenientes de uma grande fonte que espargia, a significativa altura, magnífico jorro de água cristalina. Sentia-me envolvido em vibrações de alegria, enquanto meu coração se emocionava diante do quadro presenciado.

A impressão que tinha era que realmente aquela era a imagem do paraíso, do céu que povoa a imaginação de muitos encarnados que vivem na esperança de um dia poderem viver eternamente no Éden, abençoados por Deus, ou como entendem nossos irmãos evangélicos: aquele seria o local da ressurreição dos Justos, para viverem para sempre na paz do Senhor.

Valérius sorriu com meus devaneios e meu encantamento. Eu já estivera em lugares belíssimos em nossa colônia e já me fora dado em estado de repouso visitar esferas mais elevadas, onde a luz do Cristo fez morada, mas aqui em nosso plano, onde ainda guardamos certa proximidade com a crosta, o Recanto da Paz parecia-me um oásis abençoado.

— Nada é por acaso, Virgílio, pois cada um recebe segundo suas obras. Aquele que viveu em conformidade com os preceitos do amor, da caridade, do perdão, da humildade, aquele que aprendeu a servir com desprendimento, aquele que soube estender as mãos aos caídos, aquele que conservou o cálice do coração livre das impurezas do ódio e das mágoas, todos fazem por merecer um tratamento diferenciado, quando acolhidos do *"lado de cá"*, não acha justo? Na verdade, não se trata de nenhum privilégio, pois as Leis Divinas são sábias e justas, mas de conquistas efetuadas e da colheita das semeaduras que cada um efetuou.

Meu pensamento retornou ao desencarne de Otávio(3), o carinho como fora tratado, durante e após seu desenlace. Sim, pensei comigo mesmo, nada mais justo que os mansos e pacíficos, os puros de coração, que partiram na graça do Pai, possam se sentar à mesa do Banquete na Casa do Senhor!

---

(3) Episódio da obra *"Além do Infinito Azul"*. Nota do Autor Espiritual.

Caminhamos com o coração repleto de alegria naquele "Recanto" de paz e harmonia. Mais adiante, em um banco sob frondosa árvore, identifiquei Dona Filomena. A protegida de Demétrius estava acompanhada de zelosa enfermeira chamada Míriam, que a auxiliava no período de readaptação. Aproximamo-nos respeitosos. Valérius cumprimentou Míriam e Dona Filomena de forma carinhosa.

Eu estava impressionado. Dona Filomena apresentava-se rejuvenescida e à minha visão espiritual era como se tivesse apenas quarenta anos! A maioria das rugas da fisionomia sofrida que eu conhecera, havia desaparecido, as outras que ainda persistiam se apresentavam suavizadas. Parecia-me que a morte, qual cirurgiã humanitária, havia-lhe devolvido a beleza da juventude. Emocionado, eu apertei as mãos que eu conhecera áspera e calosas, pelo trabalho sem trégua da lavoura, em sua luta pela sobrevivência. Ela era uma criatura que aprendera a não se curvar diante dos reveses da vida, que não lhe oferecera outra alternativa a não ser o trabalho rústico no manejo da enxada.

— Bom-dia, Dona Filomena. Este é o nosso Virgílio – cumprimentou Valérius, apresentando-me. – Nosso irmão encontra-se em estudos sobre assuntos de readaptação, no plano espiritual, de recém desencarnados nas mais diversas condições. Particularmente a seu respeito, ele a acompanha desde algum tempo com outros amigos nossos, que a assistiram em seus últimos anos terrenos, pela bondade e misericórdia de Jesus!

Dona Filomena segurava minha mão enquanto fitava meus olhos. Notei que a protegida de Demétrius estava com os olhos rasos d'água, que não demoraram a rolar por sua face. Abraçou-me emocionada:

— Assistente Valérius – disse ela –, no pouco tempo que estou aqui no *"Recanto"* tenho experimentado lembranças que não posso explicar, pois afloram de minha memória passagens que eu pensava não ter registrado. Agora, por exemplo, olhando Irmão

Virgílio, lembrei-me de um mensageiro divino que me abençoou em nome de Deus, em uma fase difícil de minha vida. Naquela ocasião, minha vontade era morrer, e ele exortou-me a não perder a esperança em Cristo. Por que isto está acontecendo?

Eu estava admirado pelo desembaraço de expressão daquela criatura que eu conhecera tão simples, humilde e iletrada. Valérius sorriu complacente, enquanto respondia:

— Querida Irmã, neste período de readaptação, sua memória espiritual livre da densa barreira do corpo carnal vai aos poucos adquirindo mais lucidez e, sem que a senhora perceba, vai gradativamente assumindo a condição espiritual que lhe é própria, embora fiquem muito marcantes e em primeiro plano as lembranças de sua última existência. Mas como dizia, sua lucidez e condição de entendimento estão sendo buriladas neste período de repouso em nosso Recanto. Por esta razão, as recordações que lhe foram significativas, embora pudessem estar esquecidas em algum escaninho de sua acústica mental, podem vir numa fração de segundo à sua memória consciente, se acionada for por sua vontade. Esta sua recordação está associada ao nosso irmão Virgílio que, juntamente com nosso querido Demétrius, a assistiu naquela noite.

Nossa irmã estava emocionada. Percebi que sua memória voltava no tempo e resgatava a visão que na ocasião fora apenas parcial em sua condição de lucidez, mas ficara registrado em seu inconsciente tudo o que ocorrera à sua volta.

— É verdade, reconheceu. Lembro-me perfeitamente daquele espírito luminoso que me confortou em nome de Cristo. Recordo também a presença do Irmão Virgílio e de outro amigo que estavam no ambiente[4]. Quem era aquele mensageiro divino? – inquiriu nossa tutelada.

---

(4) Dona Filomena referia-se a Otávio. Leia o capítulo: *"Um Socorro Inesperado"* do livro *"Crepúsculo de Outono"*. Nota do Autor Espiritual.

— Trata-se de um grande amigo, missionário de Jesus nas lides espirituais – esclareceu Valérius. – Seu nome é Demétrius.

Nossa irmã enxugou as lágrimas emocionada. Por fim complementou:

— Gostaria imensamente de encontrá-lo um dia, se for permitido por Deus, para agradecer-lhe o carinho que me dedicou em momento tão triste. Será que poderia um dia ter a graça de receber a visita dele?

— Não seria difícil, irmã, não fosse o fato que nosso querido irmão se encontra neste momento em processo reencarnatório, e sua missão está revestida de grande responsabilidade na esfera doutrinária.

— Neste caso – completou Dona Filomena – peço a Deus que eu possa ter por acréscimo de misericórdia a condição de poder retribuir-lhe o carinho e a dedicação que um dia recebi, em forma de trabalho junto a este querido irmão nesta tarefa em que está investido.

Eu ainda estava admirado com a evolução, a lucidez e a condição espiritual apresentada pela protegida de Demétrius! Da mesma forma, recordei que Thiago também tivera pouco tempo de readaptação, demonstrando rápida assimilação de sua condição espiritual. Valérius percebeu meu olhar inquiridor, pedindo-me calma, para esclarecer-me no momento certo. Em seguida o Assistente perguntou amorosamente:

— E como está se sentindo nesta nova vida, sem o corpo denso da matéria? Poderia dar-nos sua impressão para os apontamentos de Virgílio?

Dona Filomena não se fez de rogada, respondendo incontinenti:

— Ah! generoso mentor, ainda estou descobrindo este maravilhoso mundo novo, mas confesso-me extasiada diante de tantas novidades. Entretanto, apesar de tantas belezas que têm encantado meus sentidos, da forma acolhedora com que fui distinguida desde o princípio ao aqui despertar, do carinho com que tenho sido tratada, do bem-estar indizível que sinto a cada dia que passa, devo dizer que não me sinto merecedora de toda esta atenção, e apenas posso acreditar que tudo é por misericórdia de Deus. O que posso dizer? Jamais poderia imaginar que o mundo espiritual é desta forma. Eu mesma me surpreendo com minha memória, pois tenho recordado fatos de minha vida que jamais imaginei recordar, ao mesmo tempo que me sinto disposta, experimentando o vigor qual fora novamente jovem. Tudo para mim é novidade, em cada recanto sinto que uma surpresa me é reservada. Irmã Míriam e outros amigos dedicados têm-me orientado e me ensinado a orar de forma diferente. Quando me coloco em prece, sinto-me invadida por luzes fosforescentes, ao mesmo tempo que sinto que invade minha alma uma emoção antes nunca sentida, de forma que a emoção toma conta de meu coração e me surpreendo chorando de alegria e agradecimento a Cristo Jesus! Posso dizer-lhes com toda sinceridade e pelo pouco que ainda me é dado saber, mas se existe o paraíso, este é sem dúvida um pequeno pedaço dele, e o que ainda é mais importante: sinto que tudo isto está dentro de nós mesmos, em nossos corações!

Eu ainda estava surpreso com o desembaraço de Dona Filomena, que falava emocionada. Parou por alguns segundos, enxugando as lágrimas que brotavam de seus olhos. Em seguida continuou:

— Poderia dizer que sou feliz, e por que ainda não sou? Não, ainda não consigo ser feliz e Irmã Míriam diz que é perfeitamente natural, pois ainda estou em estado de readaptação. Sinto que a saudade invade de quando em vez meu coração, e então nesses instantes meu peito fica dolorido pela lembrança de Antonina e de Ismael, que ficaram na matéria. Minha neta passa por momentos de grandes dificuldades e eu gostaria de estar junto dela para auxiliá-la, mas meus mentores dizem que ainda não tenho condições e equilíbrio para tal. O que me conforta é que, segundo me disseram, tão logo eu esteja preparada, poderei estar ao lado de Antonina, ajudando-a convenientemente, mas tenho que ter paciência. Recebo em forma de flores suas preces e isto tem de alguma forma reconfortado meu coração saudoso.

Dona Filomena respirou fundo, enquanto eu aproveitei a pausa que se fez natural para reorganizar minhas anotações.

Ainda estes dias – complementou –, pedi informações a respeito de meu marido, Genézio, que partiu alguns anos antes de mim. Disseram-me que ele já havia sido resgatado de algum lugar, onde ele sofria e purgava suas culpas, e que agora está bem; mas ainda não tinha condições de receber visita e nem de visitá-lo. Meu marido era uma pessoa muito boa, mas extremamente violento e muitas vezes brigava por nada, principalmente quando bebia. Por esta razão, uma ocasião esfaqueou um amigo, cortando sua mão e inutilizando-o pelos golpes que desferiu. Disseram-me que em pouco tempo poderei estar com ele e que ele necessita muito de meu amparo. Com certeza, irei auxiliá-lo com todo meu coração e ficarei feliz por estar junto dele, pois apesar de todos estes problemas foi o único homem que amei. Míriam sorri com minhas histórias e me conforta dizendo que um dia, no momento certo, saberei quem fomos nós em outras existências, que estamos ligados de passados distantes. Ainda não consigo compreender tudo isto, mas o que importa? Minha alegria e minha fé em Deus enchem meu coração de esperança e espantam as sombras que, às vezes, querem se instalar aqui dentro – disse com um gesto apontando o peito.

Despedimo-nos de Dona Filomena. Eu estava satisfeito com o depoimento sincero de nossa amiga querida e Valérius sorria de minha ingenuidade.

— Irmão Virgílio, seus apontamentos sem dúvida são importantes e, com certeza, representarão consolo para aqueles que se angustiam sem saber o que acontece aos seus entes queridos que partiram para a grande viagem. Mas é importante esclarecer que existem *"n"* casos e cada um é diferente do outro. Cada um guarda suas peculiaridades. Cada caso é um caso, mas isto não invalida suas anotações. Transmita-as aos nossos irmãos encarnados, pois, sem dúvida, poderão representar um bálsamo consolador aos corações mais desesperados e saudosos de seus entes queridos domiciliados no *"mais além"*.

Todavia, algumas dúvidas ainda me assaltavam. O caso de Dona Filomena e de Thiago era diferente dos demais que eu já presenciara. Não haviam estagiado em nenhuma região intermediária, o período de perturbação espiritual havia sido extremamente curto, a condição de lucidez de Thiago e a transformação de Dona Filomena, inclusive rejuvenescendo, representavam para mim pontos de interrogação. Valérius abraçou-me carinhosamente e, enquanto caminhávamos desfrutando daquele ambiente de paz e harmonia do *"Recanto"*, esclareceu-me:

— Irmão Virgílio, cada um recebe de acordo com suas obras e de acordo com as conquistas espirituais já alcançadas. Existem irmãos nossos que estão em condições evolutivas tal que o processo de perturbação *"post mortem"* é muito mais rápido, que para os demais, de um modo geral. Quando aportam do lado de *"cá"*, recobram a lucidez que lhes é peculiar com mais facilidade, tomam conhecimento da personalidade que lhes é própria, de espíritos eternos que já viveram muitas existências. Não nos esqueçamos que estamos nos referindo aos espíritos em condições evolutivas já avançadas. O corpo físico poderá estar velho por ocasião do desencarne, mas tão logo o espírito desencarnado recupere a condição que lhe é própria, readquire sua personalidade e não tem necessidade de permanecer com a forma perispiritual de velho. Molda-a segundo a sua vontade. Mas, se houver necessidade de se fazer reconhecido pelos entes queridos ou por aqueles que os conheceram tal e qual a última existência, podem reassumir a forma perispiritual, no momento em que melhor lhes aprouver. Dona Filomena ainda não goza plenamente de sua consciência, mas nossa irmã já tem conquistas importantes efetuadas no campo da humildade e da abnegação e, mesmo inconsciente, sua forma perispiritual registra as conquistas da alma, da mesma forma que os espíritos desequilibrados transmitem ao perispírito suas deformidades e os descalabros que se encontram em seus espíritos. A forma perispiritual é o espelho do que vai dentro da alma. Os evoluídos apresentam luz e os nossos irmãos menos felizes não conseguem ocultar seus descalabros e as imperfeições de que ainda são portadores. No caso de Thiago, trata-se de um espírito de alta hierarquia que reencarnou com tarefa específica de, através da dor irreparável da perda, reconduzir o pai à senda do Cristo, uma vez que ambos já caminham juntos por séculos sem fim. Os laços que os prendem são santificados pelo amor ao Cristo, mas, em determinado ponto da trajetória de ambos, o pai se desviou revoltando-se contra o Criador! A tarefa de Thiago nesta existência era resgatar o filho pródigo que se distanciara deliberadamente da casa do Pai Maior e, por esta razão, seu sacrifício nesta existência foi plenamente justificado.

A lição daquela tarde estava concluída. Despedi-me de Valérius, que retornou aos seus afazeres, enquanto eu permaneci ainda um pouco mais no "Recanto", observando e aprendendo diante da grandeza do Pai. Sentia-me feliz pela oportunidade de aprendizado e agradecido a Deus, pois, a cada dia que se passava, sentia-me tão pequeno diante de Sua bondade infinita. Recordei o episódio do Evangelho, quando Jesus procurou João Batista às margens do Jordão para ser batizado. Quando João olhou profundamente nos olhos do Cristo o reconheceu imediatamente e se emocionou, dizendo: *"Eu não sou digno de tirar o pó de tuas sandálias e Tu vens a mim?"* Sim, Senhor, eu também sinto que ainda não sou digno de tirar o pó de Suas sandálias, mas acolhe-me em Seu peito amoroso, pois apesar de ainda ser portador de tamanhas deficiências, considere em meu coração o desejo sincero de servi-Lo e permita que eu possa ser Seu Discípulo, apesar de imperfeito, mas já portador da boa vontade necessária para caminhar em Seu Santo Nome, junto dos tristes, dos aflitos e dos deserdados da sorte.

Enquanto me sentia envolvido em suaves vibrações de amor, meus olhos marejados de lágrimas admiravam o fulgor do sol poente, que filtrava os últimos raios do dia, beijando nosso recanto de amor e luz!

Não tardaria e juntamente com o negro manto da noite os primeiros astros brilhariam no firmamento, oferecendo-nos espetáculo inesquecível da grandeza do Criador.

Caprichos do destino

A cada dia que passava, Antonina sentia-se cada vez mais desamparada. Parecia-lhe que os momentos de bonança que tivera a felicidade de viver nos últimos tempos infelizmente se haviam acabado, com o desencarne da avó querida. As saudades eram insuportáveis, quando chegava à noite e recordava a doce avozinha que com tanto carinho e desvelo cuidara de Ismael. Entretanto, havia ainda outra grande preocupação, pois, se antes o filho tinha com quem ficar, agora era obrigada a levá-lo consigo. Percebia que os patrões não estavam gostando do fato, porque de uma forma ou de outra o garoto era pequeno e exigia cuidados e tomava o seu tempo.

Temia ser despedida por este fato e, até sem querer, foi testemunha de uma conversa que a deixou ainda mais preocupada. Sua patroa estava conversando com a governanta a seu respeito, sem perceber que Antonina havia terminado de arrumar os quartos e retornava para a sala, quando ouviu o seu nome. Instintivamente recuou um passo para o quarto de visitas, para não ser inconveniente em aparecer na sala num momento em que se discutia a seu respeito. Daquela forma, pôde ouvir sobressaltada o teor da conversa:

— Dona Amália – dizia a governanta –, Antonina é uma boa moça. Sempre trabalhou muito bem. O que a está atrapalhando é que ela é obrigada a trazer o filho, pois não tem com quem deixar.

— Não quero saber – retrucava a patroa rispidamente –, tenho notado que ultimamente ela não está fazendo o serviço a contento. A todo instante aquele menino chora, e Antonina abandona suas obrigações para cuidar dele. Não, isto não está bem.

— Me perdoe, dona Amália – argumentava a governanta –, mas não podemos ser tão rigorosas assim com ela. Antonina sempre foi uma pessoa educada e muito trabalhadora, vamos ter paciência.

— Olhe, dona Gertrudes, não pago a senhora para ficar dando palpites nem discutindo minhas ordens. Se Antonina não melhorar, vamos ter que despedi-la. Aliás, é o que já devia ter feito, pois Valdomiro não a suporta e há dias vem me dizendo insistentemente para que seja mandada embora; eu estou chegando à conclusão que ele está certo. Está bem? E não se fala mais neste assunto. Se Antonina não se emendar e se não der um jeito no filho, rua com ela!!!

Dona Amália estava extremamente alterada. Diante da contundência verbal da patroa, a governanta achou prudente não mais replicar, porque sabia qual era o problema de Valdomiro. Na verdade, como o rapaz não havia logrado atingir seus objetivos inconfessáveis, agora fazia de tudo para conseguir que a mãe despedisse a moça.

Antonina, com o coração sobressaltado e apreensiva, esperou que a patroa se retirasse para seus aposentos, para sair do quarto. Estava desesperada. O que fazer, se fosse despedida? Sua vontade era chorar e, para se acalmar, dirigiu-se para seu quartinho, onde deixara Ismael. Abraçou o filho com lágrimas nos olhos; agora tinha apenas ele. O que fazer, meu Deus? – perguntava para si mesma sem resposta.

Neste momento, percebeu a figura desagradável de Valdomiro, que se aproximou com um sorriso de escárnio nos lábios:

— Ô, garota, vou te falar bem claro e você vai me ouvir, entendeu?

Seu tom era ameaçador e Antonina sentiu-se estremecer. O que mais Deus estava lhe reservando? Que prova ainda teria que passar?

— Olhe aqui, gatinha – continuou –, fique sabendo que seu emprego está em minhas mãos, tá?

Enquanto falava, olhava com concupiscência e malícia para a jovem. Ismael parecia pressentir o perigo, pois começou a chorar abraçado à mãe, buscando proteção.

— E tem mais, é bom que fique ciente que terá que colaborar comigo, caso contrário...

Não terminou a frase, mas o tom ameaçador não deixava dúvidas das intenções do rapaz, que virou as costas e se retirou, não sem antes completar:

— Tem até o sábado à noite para pensar. Se você for inteligente, maravilha! Caso contrário, terá que procurar emprego em outro lugar, entendeu? Não se esqueça, está tudo em minhas mãos, e mamãe faz tudo o que eu quero. Sábado à noite, sem falta, quero uma resposta sua, combinado?

Antonina não mais conseguiu trabalhar naquele dia. Que mundo cruel, meu Deus. Quantas pessoas insensíveis. Com raras exceções, ninguém se preocupava com sua dor, seus problemas. Havia perdido a avó há tão pouco tempo, mas para a patroa isto não tinha a menor importância. Para Valdomiro, ela era apenas uma moça bonita e indefesa, apenas um objeto para seu prazer irresponsável e caprichoso.

Sua vontade era sumir no mundo, desaparecer, se não fosse o filho que dependia apenas dela. O que fazer? Aquela noite não dormiu, de preocupação. Uma saudade imensa da avó Filomena bateu em seu coração. Não conseguiu orar; seu coração apenas desejava chorar para desabafar. Já tarde da noite chegou a conciliar o sono mas, mesmo assim, cheio de pesadelos, pois aqueles mesmos malfeitores se divertiam com sua desgraça. Parecia-lhe que agora estava a um passo do abismo e não tinha como retroceder.

A multinacional onde Felipe trabalhava estava investindo muito em sua condição profissional. O rapaz sabia que, no aspecto material, era muito bom. Significava que a organização acreditava nele, bem como existia possibilidade de ascensão na carreira, quem sabe até a posição de gerência, que era o sonho de todos que como ele estavam em início de carreira.

Fazia constantemente Cursos de Especialização custeados pela empresa. Viajava por várias capitais do país, em serviço de consultoria e aos poucos conquistava "*status*" de confiança junto aos seus superiores e à diretoria.

Todavia, se por um lado se sentia feliz com seu sucesso, por outro procurava não se iludir muito, pois tinha plena convicção de que seria cobrado por tudo aquilo. Empresas daquele porte não davam ponto sem nó e, se estavam investindo nele, é porque haviam identificado potencial e sabiam que seu trabalho haveria de dar retornos compensadores à Organização. Mas isto não o preocupava. Não tinha medo de assumir responsabilidades, demonstrando personalidade e liderança que o destacava entre os demais assistentes. Na verdade, o que o entristecia mesmo era ver que cada vez mais era absorvido naquela máquina de trabalho, viajando constantemente, trabalhando nos fins de semana para concluir os relatórios e cumprir os prazos estabelecidos. Às vezes sentia que perdera completamente noção da vida e da realidade, dedicando-se de corpo e alma ao trabalho. Com isto, não percebia que o tempo passava.

Perdera completamente o contato com os amigos do Grupo de Jovens, e quase não mais se lembrava das atividades desenvolvidas, que antes lhe proporcionavam muita satisfação. Havia se tornado um aficionado do trabalho, levando uma vida isolada demais para sua idade.

Naquela tarde, havia acabado de retornar de uma viagem. Estivera em Porto Alegre por alguns dias a serviço. Este era um aspecto que Felipe gostava, pois permitia-lhe conhecer outras localidades, pessoas diferentes, então pensava que para tudo existia uma compensação.

Mas tão logo colocou os pés no belíssimo escritório situado em movimentada avenida da Capital Paulista, seu gerente o chamou:

— Felipe, sei que acabou de chegar de uma viagem, mas infelizmente não temos no momento outro profissional para enviar a este cliente, que é muito importante para a Companhia, então tem que ser você.

Embora cansado, jamais diria não para seu superior. Dessa forma, respondeu:

— Meu Deus, tenho eu outra alternativa? Não há problema, vou com satisfação, Alfredo, mas sinceramente estou cansado. Não poderia descansar pelo menos um dia?

— Infelizmente não, Felipe. Descanse apenas o resto da tarde, mas amanhã logo cedo terá que pegar estrada; trata-se de um importante cliente, dono de grande Usina de Açúcar e Álcool, no interior de São Paulo. É melhor que vá de carro, mas cuidado na estrada.

O rapaz sorriu desconsolado. Ainda mais esta? Teria que ir dirigindo? Meu Deus, isto seria muito cansativo. Deveria ser uma cidade do interior, sem graça, sem ter o que fazer. Que chateação, pensou – mas fazer o quê? Teria de ir de qualquer jeito.

— E quanto tempo vou ter que ficar lá? – perguntou o rapaz em tom de enfado.

— No mínimo uns vinte dias, se não um mês. Terá que desenvolver e implantar um sistema de auditoria para melhorar os controles internos da empresa, pois este cliente teve um problema sério de desfalque e, desta forma, quer se prevenir daqui para frente.

— E terei que ficar todo este tempo? Meu Deus, vou morrer de tédio.

— Dizem que lá é um lugar de mulheres muito bonitas – respondeu Alfredo sorrindo maliciosamente. – Quem sabe você se enrosca por lá?

— Não brinque com essas coisas, que não acho graça nenhuma. Do jeito que ando cansado, não tenho disposição nem para namorar, acredita?

— Acredito, mas creia-me, valerá a pena. Nos primeiros dois anos é assim mesmo, mas depois certamente você será promovido a gerente, então será a vez de mandar outros em seu lugar. Acredite, Felipe – concluiu o gerente, abraçando-o afetuosamente –, você não se arrependerá de seu esforço. Você é inteligente e esforçado, meu rapaz, verá que tudo isto é um investimento em seu futuro!

Felipe sorriu satisfeito. Sabia que na empresa o pessoal gostava de seu trabalho. Sentia-se cansado, mas não tinha dúvidas, valeria a pena. E depois, gostava do que fazia, então, bola pra frente, que atrás vem gente, pensou consigo mesmo.

Foi para casa e descansou o resto da tarde. Preparou cuidadosamente o material e no dia seguinte acordou cedinho, tomou o cafezinho preparado com todo carinho por Dona Celina. Beijou-a em seguida e apanhou o carro, botando o pé na estrada. Tão logo atingiu a Rodovia dos Bandeirantes, lembrou-se do conselho materno:

— Filho, cuidado na estrada. Não se esqueça de fazer uma prece!

Sorriu com o conselho e a preocupação da mãe. Será que todas as mães são assim preocupadas?, pensou.

O sol se levantava por sobre as montanhas da rodovia enquanto a brisa fresca da manhã entrava pela fresta da janela do carro entreaberta. Felipe aspirou fundo aquele ar oxigenado, com cheiro de mato e de montanhas, enquanto o motor rugia devorando os quilômetros. Por um instante elevou seu pensamento a Deus, pedindo proteção na viagem, que tudo pudesse correr bem e que chegasse sem nenhum problema ao seu destino.

Por um momento, sentiu-se emocionado. O clima da viagem, as montanhas verdejantes, a luz do sol que espargia seus raios na imensidão azul, fizeram com que se sentisse tocado em sua sensibilidade. Registrou emocionado um abraço espiritual, na certeza de que estava amparado. Só então percebeu que já fazia algum tempo que nem fazia uma prece. Meu Deus, pensou – como estou mudado. Auxilie-me em meu caminho, em minha trajetória de vida, Senhor, e não permita que me desvie de minha missão.

Passou por Campinas tomando a Via Anhangüera, seguindo aquela estrada, que sumia de vista. Aos poucos o sol subia no zênite e o calor começava a tornar-se insuportável. Eram duas horas da tarde, quando atingiu a cidade de destino. Dirigiu-se ao hotel onde já havia reserva efetuada pelo escritório de São Paulo.

Tomou um banho reconfortante e descansou. Acordou para o jantar, que foi no próprio hotel. Após a refeição, saiu para dar um passeio, conhecer um pouco o centro daquela cidade. Ficou impressionado. Tratava-se de uma grande cidade interiorana, mas não se poderia comparar a São Paulo. Apesar do tamanho, tudo era muito sossegado e pacato. Felipe estava admirado ao observar que as pessoas passavam e se cumprimentavam como se todos naquela cidade se conhecessem. Em seu passeio, passou por um local onde ulceroso mendigo lhe estendeu as mãos:

— Uma esmola, pelo amor de Deus!

Felipe sentiu-se sensibilizado como há muito tempo não sentia. Enquanto observava a melancólica fisionomia do pedinte, notou as mãos magras e esqueléticas, que mais pareciam um galho seco, estendidas em sua direção. O petitório foi renovado:

— Um auxílio, pelo amor de Deus! Estou com fome, me ajude por caridade!

Felipe foi tomado de compaixão por aquela triste figura em sua frente. Recordou os tempos em que fazia parte do Grupo de Jovens e saía pelas ruas socorrendo necessitados. Sua mente lembrou-se de Francisco de Assis, o amigo dos pobrezinhos e humildes, que abraçava os infelizes, os aflitos e os deserdados da sorte. Com os olhos em lágrimas de comoção, abaixou-se e segurou as mãos trêmulas do infeliz.

— Meu irmão – disse o rapaz emocionado –, em que posso ajudá-lo? Tem fome? Espere um pouco só, que vou providenciar um lanche para você.

O infeliz, acostumado aos apodos e remoques, não acreditava que aquele moço bem vestido estivesse segurando sua mão e falando com ele. Com o rosto sofrido e um sorriso amargo, que revelavam a triste condição da miséria, exibindo terríveis falhas na arcada dentária, quis explicar que não era um vagabundo:

— Eu já fui trabalhador da roça, moço. Tinha minha família e filhos que me ajudavam na labuta, mas, um dia, um acidente com nosso caminhão de bóias frias matou meus dois filhos queridos e minha esposa. Eu fiquei doente, sem recursos e sem condições de trabalhar para ganhar meu sustento. Hoje vivo da caridade alheia, mas um dia fui um trabalhador – dizia o pobre homem exibindo as mãos magras e calejadas pelo uso da enxada.

Felipe não conseguia conversar. Abraçado ao pedinte chorava emocionado, causando estranheza nos raros transeuntes que passavam pelo local. Por fim, quando se recompôs, respondeu:

— Meu irmão, o que posso fazer para minorar seu sofrimento? Agora mesmo vou comprar um lanche e algum remédio, está bem?

Encorajado pela atitude do rapaz, o homem retirou da algibeira uma receita de um ambulatório público e a estendeu:

— Deus lhe pague, meu filho. Sua caridade não será esquecida d'Aquele que tudo vê – disse apontando para cima.

Felipe levantou-se com um sorriso de satisfação por poder ser útil e auxiliar de alguma forma um necessitado, retrucando:

— A paga de Deus já recebi, meu irmão. Hoje recordei que ainda tenho um coração dentro do peito. Espere que já volto.

Em poucos minutos retornava com um pacote, estendendo ao infeliz irmão substancioso lanche e o remédio, de acordo com a receita médica. A alegria do mendigo era tamanha, que após grande esforço e auxiliado por Felipe se levantou:

— Aqui tem um amigo agradecido para sempre, meu filho. Agripino da Conceição é meu nome, e se um dia puder servi-lo em alguma coisa será grande satisfação.

Felipe abraçou-o caridosamente, enquanto o pobre homem se afastou vagarosamente, apoiado pelas muletas, deixando o rapaz mergulhado em um turbilhão de pensamentos.

— Meu Deus, pensava. Quanta dor, quanta miséria, quantas tragédias. Aquele pobre homem nunca tivera nada na vida. Nada podia oferecer a seus filhos que trabalhavam com ele na roça, sem nenhuma perspectiva de um futuro melhor. E ainda assim, poderiam ser felizes, pois o pouco com Deus é muito e o muito sem Deus não é nada! Mas até da única coisa que lhe era preciosa, seu único tesouro representado pela vida de seus filhos e sua esposa, fora privado! Deus levara tudo, e, ainda por cima, ficara doente. Quanta tristeza, meu Deus! Por quê?

Felipe retornou ao hotel, retirando-se diretamente aos seus aposentos. De repente uma tristeza imensa havia se apossado de seu coração. Chorou copiosamente, lembrando-se com saudades de Antonina. Será que um dia a encontraria novamente? Se tivesse oportunidade, não titubearia: pedir-lhe-ia que se casasse com ele. Felipe não tinha nenhum preconceito a respeito de Ismael. Apenas desejava ser feliz, e a única criatura que ele amava mesmo era Antonina.

O destino era caprichoso, pensou. Separava as criaturas que mais se amavam. Assim fora com ele e sua amada. Assim fora com Agripino, seus filhos queridos e sua esposa, assim era com tantas outras criaturas. Mas Felipe sempre confiou em Deus e ainda tinha esperanças de que um dia haveria de reencontrar Antonina. Orou como há muito tempo não fazia, adormecendo em seguida, pedindo a Deus que lhe desse nova oportunidade de ser feliz.

O PORTAL DO ABISMO

Naquela noite estava acompanhando o Assistente, que passava visita aos assistidos da Mansão dos Jovens, surpreendendo-me a presença amiga e carinhosa de Thiago, que prestava auxílio a Valérius no atendimento aos necessitados.

Thiago assumira sua identidade espiritual, aparentando um jovem de mais ou menos vinte anos. Eu mesmo não sabia explicar, mas sua figura me despertava carinho e admiração, de forma que o abracei afetuosamente.

Perguntei pelo seu pai, como estava evoluindo seu estado.

— Irmão Virgílio – respondeu-me com educação e respeito –, graças a Deus, papai está evoluindo muito bem.

Enquanto falava, notei que seus olhos umedeceram e duas lágrimas lhe rolaram pelas faces. Enxugou o rosto discretamente e encabulado justificou:

— Desculpe-me, irmão, mas ainda sinto muitas saudades de minha família, especialmente de meu pai, a quem devoto um amor imenso de tantos séculos...

Fiquei em silêncio respeitoso, enquanto Valérius nos deixou à vontade, para que eu prosseguisse com meus apontamentos, dando continuidade ao trabalho. Tão logo Thiago se recompôs, prosseguiu:

— A misericórdia Divina tem permitido muitos encontros nossos aqui na Mansão dos Jovens e também no jardim do Recanto do Repouso, o que tem contribuído com a melhoria do quadro alarmante em que se encontrava meu querido pai. Nestes momentos, ele tem se tornado muito receptivo e tenho procurado transmitir-lhe esperança e fé, para que se enquadre na Doutrina de Kardec, e se integre nos postulados de Jesus. Neste aspecto, o Grupo de Jovens tem contribuído bastante, pois minha irmã está freqüentando as reuniões e participando das atividades. Este fato tem sido um fator extremamente importante; por intermédio de minha irmã os espíritos amigos e os protetores têm atuado em minha mãe e, especialmente, em meu pai que, aos poucos, caminha para o equilíbrio tão importante para continuar vivendo.

Notando que eu percebia uma certa ansiedade, Thiago justificou:

— Desculpe-me, irmão Virgílio, mas ainda não consigo controlar adequadamente a emoção, quando me encontro com papai. É um erro imaginar que o espírito desencarnado está desprovido de emoções, e que o amor arrefece o ímpeto: ledo engano, pois os laços santificados de amor são eternos e acompanham o espírito onde ele estiver, encarnado ou desencarnado. Confesso que talvez pelo pouco tempo de meu desenlace, eu ainda não tenha controle absoluto de meus sentimentos, mas, por outro lado, o amor filial é muito sublime. Desculpe-me mais uma vez, se ainda me manifesto tão sensível. Meu pai deverá estar aqui em poucos momentos, trazido por espíritos amigos.

Abracei-o comovido com a demonstração de seu amor filial. Thiago era um espírito que apresentava credenciais de grande evolução. Compreendi sua manifestação espontânea, pois mesmo os espíritos de elevada envergadura espiritual também amam e sentem saudades de seus entes queridos que ficaram do *"outro lado"*. Com Thiago não poderia ser diferente. Por um momento recordei meu próprio desenlace, quando acordei deste lado, o sentimento de saudade imorredoura de meus entes queridos, que continuavam na matéria. Registrava em minha mente as preces e os chamamentos desesperados de meus familiares, o que representava para mim uma tortura que parecia não ter fim.

Enquanto estava absorto em meus pensamentos, observei que o pai de Thiago adentrava o recinto da Mansão dos Jovens acompanhado por espíritos de nossa esfera. Nesse momento notei singular transformação em Thiago, que se manifestava à visão do amoroso pai, na condição de filho, tal qual era quando desencarnou, com a aparência de um garoto de onze anos. Dr. Gustavo não tinha consciência do que ocorria ao seu redor, pois sua atenção se concentrava apenas na figura do filho. Ambos se abraçaram em lágrimas. O quadro era comovente e todos nós estávamos emocionados.

Thiago pegou carinhosamente o pai pela mão e convidou-o a segui-lo:

— Venha comigo, papai. Vamos até o jardim do Recanto, onde poderemos conversar bastante. O senhor já conhece, mas hoje quero mostrar-lhe a fonte da água da vida, como Jesus simbolizou no ensinamento à Samaritana. O senhor vai ver que lindo é lá, papai, vamos!!!

Gustavo seguia o filho, sentindo-se venturoso. Um brilho de alegria brilhava em seus olhos.

— Sim, filho, aonde quiser vou com você. Quero conhecer a fonte de que tanto me fala; vamos, pois deve ser realmente um lugar bonito. Me fale também da fonte da água da vida!

Comovido, ainda fiquei observando pai e filho que, abraçados, sumiram nos corredores da Mansão dos Jovens. Pensei comigo mesmo que apenas o amor verdadeiro, pregado por

Jesus, seria capaz de vencer todos os obstáculos. Sim, o amor sublime que fora compreendido em toda sua grandeza e com desprendimento pelo grande apóstolo Paulo, exemplificando o amor maior de Jesus.

Ainda sob forte estado de emoção, aproximei-me de Valérius, que tudo acompanhara a distância. Sorrindo com um gesto significativo, disse-me:

— Virgílio, o amor é o maior dos sentimentos. Quando Jesus nos ensinou que o maior mandamento era: *"Amarás ao Senhor teu Deus de todo o teu coração, de toda tua alma e de todo o teu entendimento"* e o segundo, tão importante quanto o primeiro: *"Amarás ao teu próximo como a ti mesmo"* o Divino Amigo nos deu a exata dimensão de tudo isto ao complementar: *"Estes dois mandamentos contêm toda lei e os profetas."*

Aquiesci diante da ponderação do Assistente, pois aquele que não ama seu próximo, que não respeita a si mesmo, que destrói deliberadamente sua saúde física através das drogas, dos vícios, do fumo ou da bebida, não tem condição nem entendimento para amar a Deus, pois ainda é incapaz de amar a si mesmo.

Neste ínterim, observei um médico que dialogava com o Assistente Valérius a respeito de determinado paciente inconsciente, enquanto fazia suas anotações na ficha clínica:

— A utilização dos tóxicos remonta a épocas recuadas, desde a Índia antiga e a Turquia. Entretanto, fico impressionado com o aumento de dependentes químicos nos últimos anos, o que tem contribuído consideravelmente com o expressivo número de jovens desencarnados pelo uso de drogas. É lamentável o estrago que os tóxicos produzem no corpo perispiritual, além das conseqüências e das dores que levarão para existências futuras! Veja, mostrava o facultativo, a região do cerebelo toda comprometida, o estrago provocado no hipotálamo e a inibição provocada na hipófise. É uma situação preocupante, pois a epífise não responde aos estímulos sensoriais. Isto será muito doloroso em sua próxima encarnação! Meu Deus, o sistema nervoso todo alterado. Como este nosso irmão poderá ter uma vida com um mínimo de saúde? Impossível – completou –, mas a bênção da saúde e do corpo físico perfeito são talentos tão preciosos, e o ser humano comum não valoriza e dificilmente reconhece seu justo valor!

Valérius concordou com o médico, com aceno de cabeça. Em seguida me apresentou:

— Dr. Flamínio, este é nosso querido Virgílio. Nosso irmão está investido de importante tarefa, levando mensagens de orientação aos nossos jovens encarnados. Outras tantas já foram levadas a efeito anteriormente por irmãos de nossa esfera e nunca é demais repetir, não é mesmo? Quem sabe, de tanto insistir, vamos lograr êxito um dia, e vamos ter a satisfação de ver mais jovens bem orientados, libertando-se dos pântanos dos tóxicos.

Cumprimentei o Dr. Flamínio. Aproveitei a oportunidade para solicitar mais esclarecimentos:

— Doutor, sabemos que pela lei de causa e efeito os usuários dos tóxicos sofrem todas estas conseqüências, em decorrência da auto destruição do corpo, da saúde física e do corpo perispiritual. Tenho acompanhado o árduo trabalho de recuperação, a tortura e a angústia que perseguem os desencarnados pela falta do tóxico, que os escraviza em espírito, pois a vontade continua a se manifestar após a morte do corpo físico. Tudo isto tenho visto e compreendido, mas o que acontece aos responsáveis por esta tragédia? Aqueles que aliciam jovens incautos, aqueles que se locupletam em riqueza, enquanto causam desgraças e tristezas a tantas famílias?

O Dr. Flamínio fez um sinal negativo, meneando a cabeça, tomado de profundo sentimento:

— Irmão Virgílio, para estas criaturas estão reservados sofrimentos e purgação que o inferno descrito por Dante não expressa adequadamente o horror. Mas não poderia ser de outra forma, pois já diz com sabedoria o antigo provérbio: "*Quem semeia ventos, colhe tempestades*". Estes nossos irmãos semearam verdadeiras tragédias humanas, contribuíram para a desgraça de inúmeras famílias, ceifaram a vida de tantos jovens desorientados, em troca do vil metal, não se importaram com o sofrimento a tantas famílias que viram seus filhos partirem prematuramente, em função de uma morte estúpida e sem sentido!

Enquanto ouvia as ponderações do esculápio, Valérius esclareceu-me:

— Existe um local para onde os responsáveis por este flagelo da humanidade moderna são conduzidos após a morte do corpo físico, Virgílio. Fica localizado na subcrosta, uma região abaixo do umbral, que já conhecemos. Trata-se do "*Portal do Abismo*", um estágio anterior ao grande abismo!

Quando o Assistente Valérius pronunciou as palavras "grande abismo", senti um arrepio percorrer minha espinha. Que lugar era aquele? Embora sentisse receio, fui tomado de um grande desejo de conhecer aquele lugar.

O Assistente fixou-me olhar sério ao perceber meu anseio manifestado em pensamento.

— Virgílio, não se deve ir àquela região sem que haja motivo justificado e sem que haja autorização das esferas superiores. Entretanto, entendo que para seus apontamentos e informações aos encarnados é uma razão justificada; então, buscarei a autorização necessária junto aos mentores de nossa colônia.

A fisionomia de Valérius estava séria. Acostumado com a jovialidade do mentor, compreendi que incursão daquela natureza requeria preparação especial e não era fato corriqueiro, razão pela qual fiquei tomado de apreensões. Percebendo meu estado de espírito, Valérius procurou descontrair:

— Ora, Virgílio, não deve se preocupar antecipadamente. Ainda não sabemos se nossa visita será autorizada ou não. Depois, estaremos em condições vibratórias muito sutis, de forma que não haverá preocupações maiores, mas posso afiançar-lhe que impressiona muito – concluiu com significativo gesto.

— Já esteve lá alguma vez? – inquiri ansioso.

— Sim – respondeu-me pensativo. – Algumas vezes. A última vez já remonta algum tempo. Entretanto, ainda conservo vivos em minha memória os quadros lá presenciados, como se fosse ontem.

Eu estava impressionado e enquanto dava asas à imaginação, o Assistente concluiu:

— Esta incursão requer, além de preparativo adequado, também a mobilização de retaguarda necessária para que tudo possa correr a contento.

Fiquei pensativo. Seria mesmo necessária nossa visita ao *"Portal"*? Sentia-me apreensivo e Valérius percebeu minha angústia. Sorriu para descontrair, convidando-me:

— Venha, Virgílio! Hoje temos uma palestra no grande salão do prédio *"Ensinamentos para todos os Planos"*. Vamos, porque será de grande proveito para todos nós, particularmente pela visita que estaremos recebendo.

De repente senti que meu coração se alegrou. Acompanhei feliz o Assistente Valérius e, quando adentramos o grande salão, constatei que estava repleto, com a presença de muitos encarnados que participavam dos ensinamentos durante o período de sono.

Acomodamo-nos em uma fileira frontal à tribuna, onde se apresentaria o convidado da noite. O ambiente estava iluminado por luzes feéricas e a vibração envolvia-nos o coração em eflúvios de paz e alegria, enquanto a música enchia a atmosfera encantando meus sentidos deslumbrados pelo momento de amor na casa do Pai! Já participara em outras ocasiões memoráveis de palestras no Grande Salão, mas percebia que aquela ocasião era diferente. Havia algo de especial no ar. O clima era tão aconchegante e acolhedor e meu coração se regozijava na alegria do Senhor! Recordei a passagem do Evangelho, a alegria de Zaqueu, no dia em que recebeu a visita de Jesus em sua casa.

As luzes diminuíram sua intensidade, enquanto suave música nos convidava à meditação. Fechei os olhos úmidos pela emoção, enquanto era proferida tocante prece.

Quando abri os olhos, compreendi a razão do contentamento de meu coração: diante de nós, envolta em gracioso halo azulado que se irradiava por todo ambiente, apresentava-se Irmã Clarissa[5]. A querida Irmã começou a dissertação da noite:

— *"Queridos irmãos em Cristo. Grande é nossa responsabilidade e maior nossa alegria por termos a oportunidade de servir em nome de Maria Santíssima e Seu Filho muito Amado, Jesus! Sim, porque ainda somos servos imperfeitos e ainda não somos dignos de sermos chamados de "Discípulos", mas, se pela graça Divina já somos portadores de boa vontade, então sejamos aqueles que lutam em nome do Pai, sejamos aqueles que seguem adiante, amando, servindo e passando sem olhar para trás, sejamos aqueles que levantam os caídos, que vestem os desnudos, que dão o pão aos famintos, que esclarecem os desorientados, que indicam o caminho aos desviados. Mas não nos esqueçamos que o reino de Deus se conquista dentro de nossos corações, nas atitudes do dia-a-dia, na paciência dentro do lar, na tolerância aos companheiros de jornada, no perdão incondicional e sincero aos nossos ofensores, na prática da caridade que Cristo ensinou, sem humilhar quem recebe. Irmãos queridos, até para a benemerência temos que ter humilda-*

---

(5) Personagem do livro *"Crepúsculo de Outono"*. – Nota do Autor Espiritual.

de e sabedoria, estendendo as mãos com carinho e amor, sem que a mão esquerda saiba o que fez a direita. Não podemos olvidar os ensinamentos do Divino Mestre, quando nos ensinou que não se aproveitaria "remendo novo em pano velho", *dessa forma, juntamente com a caridade e a benemerência, não podemos nos esquecer da* "reforma íntima" *e da atenção aos jovens que dependem de nossa proteção; de que o pai deve ao filho que ama o amor e a autoridade para orientá-los e prepará-los para um mundo cada vez mais competitivo e endurecido, porque grande parte dos homens ainda conservam instintos cruéis.*

— *Ah! Irmãos, como ainda estamos distantes dos ensinamentos de Jesus! Criticamos nossos companheiros menos felizes, mas não percebemos a trave em nosso olho. Exigimos que os outros nos respeitem, mas muitos de nós ainda não se dão o respeito, pois a reforma íntima é difícil e ainda não temos força de vontade suficiente para livrar-nos dos vícios que solapam nossa saúde e nossa integridade física. Não podemos nos esquecer das drogas, mas a tragédia maior está nos lares em que os pais não são sensíveis às necessidades dos filhos e os deixam qual barco a flutuar ao sabor dos ventos, sem destino! Quando o filho naufraga no turbilhão sem volta dos tóxicos, entrega-se ao desespero e revolta-se contra Deus! Diariamente em nossas incursões ao Vale dos Suicidas e ao Vale das Sombras*[(6)], *deparamos com quadros de dor e sofrimento, daqueles que partiram antes desprezando um corpo saudável e jogando fora oportunidades formidáveis de progresso, por negligenciarem a Lei Maior ensinada pelo Divino Amigo:* "Amar a Deus sobre todas as coisas e ao próximo como a si mesmo". *Infelizmente, muitos de nós ainda não sabem como amar a Deus, não se preocupam em amar ao próximo e ainda não conseguem amar a si mesmo! Mas o Senhor dos tempos não tem pressa. Amando, sofrendo, caindo e levantando-se, sorrindo e chorando, lutando e aprendendo, morrendo e renascendo, assim*

---

(6) Episódio do livro *"Crepúsculo de Outono"*. – Nota do Autor Espiritual.

caminha o espírito imortal em direção à sublime perfeição! Um dia chegaremos lá, pela graça da Virgem Santíssima e por Jesus, nosso Divino Amigo! De Deus nós viemos e a Deus um dia retornaremos cheios de glória pelas conquistas e pelo esforço de cada um em sua jornada evolutiva! Que a paz de Jesus e de Maria esteja com todos vocês, irmãos queridos!"

A palestra terminara e, envoltos em eflúvios luminosos que desciam das esferas iluminadas, eu chorava emocionado. Recordava a sublime visão de Maria, a Mãe de Jesus, juntamente quando com Demétrius estivera pela primeira vez no Vale das Sombras.

A oportunidade era ímpar, de forma que havia muitos irmãos desejosos de trocar uma palavra ou um abraço com Clarissa, que nos iluminava a todos com sua luz e graça. Aguardei juntamente com Valérius pacientemente, até que a ocasião se apresentou propícia, então nos aproximamos.

A generosa amiga abraçou carinhosamente Valérius. Em seguida identificou-me a presença, entre os demais que aguardavam por sua atenção:

— Irmão Virgílio, que alegria revê-lo – cumprimentou-me com afetuoso abraço. – A Seara do Mestre sempre nos reserva a felicidade de encontrarmos aqueles a quem devotamos nossa afeição e nosso amor. Estou feliz em revê-lo. Tenho acompanhado o processo reencarnatório de Demétrius(7). Tudo corre bem e em poucos dias nosso querido amigo deverá estar renascendo na matéria. Contará com a simpatia da espiritualidade e particularmente com nosso acompanhamento e com a proteção da Mãe de Jesus! – concluiu Clarissa com suave beijo em meu rosto.

(7) Demétrius ainda não havia reencarnado. O processo de gestação encontrava-se em fase final. – Nota do Autor Espiritual.

Emocionado afastei-me. Não era justo ocupar o tempo de Clarissa desnecessariamente, uma vez que havia outros irmãos que ainda desejavam dialogar com a ilustre visitante. Já recebera minha recompensa e considerava-me venturoso por sua manifestação de carinho, de que não era merecedor.

Saí para fora do grande salão. A madrugada ia avançada e suave sopro da brisa matutina tocava meu rosto. Fiquei parado alguns instantes, enquanto admirava o fulgor dos astros que cintilavam no firmamento. Senti que não estava sozinho. Fui envolvido por abraço amigo, percebendo que Valérius estava comigo. Notei que o generoso amigo também estava emocionado pelas vibrações de amor de Clarissa, que haviam tocado fundo em nossos corações.

— Ah! Virgílio, Deus é suprema sabedoria e bondade, permitindo que nossos irmãos que se adiantaram na evolução venham até nós, para que tenhamos forças de prosseguir na tarefa do Evangelho! Grande mérito têm aqueles que olvidam a própria elevação e descem no fundo dos abismos para resgatar nossos irmãos desviados do caminho!

Recordei o ensinamento de Jesus, quando dissera que *o Bom Pastor deixaria todo rebanho na segurança do aprisco e desceria ao fundo do abismo para resgatar a última ovelha perdida.*

Concordei com as palavras de Valérius. Sim, grande mérito têm aqueles que são capazes de esquecer-*se*, arregaçar as mangas, botar a mão na charrua e descer nos meandros mais escuros da consciência humana, para iluminar as mentes que se desviaram do caminho!

A noite já se findava. Em pouco tempo o astro rei se levantaria no horizonte, inundando todos os recantos com sua luz, oferecendo novo dia de trabalho e renovação.

Um acontecimento inesperado

Já havia transcorrido três dias que Felipe estava no interior. Trabalhava arduamente durante o dia e o calor o incomodava. À noite sempre procurava sair, dar uma volta para se distrair, apesar do ar tépido que o fazia transpirar por todos os poros.

Na verdade, Felipe sempre procurava um pretexto para passar pela rua onde encontrara o mendigo, porque se afeiçoara àquele homem, cuja história o comovera tanto!

Levava sempre um lanche e ficava conversando. Ouvia atentamente, pois Agripino tinha muitas lembranças e, apesar de homem da roça, impressionava Felipe pela sua lógica de raciocínio. Não tinha escola, mas percebia-se ser portador de rara inteligência. Sofria muito pela indiferença do ser humano, com as humilhações, com a saudade dos seus entes queridos, com a doença que o corroía aos poucos. Confessava a Felipe que não mais se considerava gente e, emocionado, chorava pela atenção que aquele rapaz lhe dedicava!

— Ah! Meu filho – exclamava entre lágrimas. – Moro em um cantinho tão estreito e nem outros mendigos me querem por perto. Você me faz a maior caridade que eu poderia receber. Está me dando atenção, está tendo a capacidade de me ouvir, quando a maioria nem quer me olhar. Sou um farrapo humano que se arrasta pelas ruas, mas estou compreendendo que Deus não se esqueceu de mim, porque com certeza você é aquele que O representa neste momento.

Felipe não sabia explicar, mas aquele infeliz, desprezado por todos, era seu irmão. Sua atenção e seu carinho eram sinceros, de forma que se comovia às lágrimas.

— Não, Sr. Agripino, quem sou eu. O senhor sem dúvida é entre nós o espírito que realmente é, evoluído; ainda não tenho a capacidade de renúncia que o Senhor já tem. Tenho certeza de que um dia agradecerei a Deus a oportunidade de tê-lo conhecido.

— Ah! Meu filho, este velho doente e imprestável jamais esquecerá este gesto de abnegação e bondade! Deus também não se esquecerá.

Felipe voltou para o hotel, mas não se sentia satisfeito. Como poderia repousar a cabeça no travesseiro e dormir tranqüilamente, sabendo que existem tantos necessitados que não têm onde morar, não têm o que comer, não têm o que vestir, e ainda sofrem as mazelas das doenças sem ter recursos para comprar remédio? Meu Deus, pensava, quantos infortúnios ocultos e quanta insensibilidade!

O rapaz se afeiçoara ao mendigo e pensava numa forma de oferecer-lhe auxílio que efetivamente pudesse ampará-lo. No dia seguinte, haveria de se informar. Deveria existir nas imediações algum Centro Espírita que pudesse acolher aquele infeliz irmão. Sim, pensava, iria procurar algum irmão de fé que pudesse estender as mãos àquele irmão do caminho. Embalado neste propósito, Felipe foi vencido pelo cansaço e adormeceu cheio de esperanças de que pudesse de uma forma ou de outra oferecer uma condição mais digna de vida ao velho Agripino.

Os dias foram se sucedendo, aproximava-se o sábado. Antonina estava apreensiva, pois sabia que aquele dia seria cobrada por Valdomiro. O que fazer? Pensava, pensava, mas não encontrava alternativas para escapar das garras do tresloucado rapaz.

O desespero tomava conta de seu coração e, somado ao processo obsessivo movido por Alcebíades e Libório, Antonina começava novamente a agasalhar a idéia de suicídio. Entretanto, havia agora um diferencial que não permitia o domínio completo de sua mente: a presença de Ismael representava um sustentáculo que se interpunha entre os planos dos obsessores e sua mãe. Antonina não percebia, mas o filho era seu ponto de apoio espiritual e dava-lhe forças para não se entregar às sugestões malévolas de seus impiedosos perseguidores.

Nos momentos de maior angústia, orava abraçada ao filho, e nos momentos mais acerbos sentia o afago carinhoso da avó querida. Tinha plena convicção de que uma saída haveria de encontrar, mas temia pelo que pudesse acontecer. Se fosse despedida, onde iria arrumar outro emprego, com um filho pequeno ainda?

Chegou o sábado. Antonina levantou-se e fez uma prece. Pediu a Deus em sua oração que a auxiliasse. Com lágrimas compungidas rogou a Jesus que não a desamparasse. Sentiu-se envolvida em suave vibração e seu coração sentiu-se reconfortado. Não sabia explicar, mas parecia-lhe ouvir na acústica de sua alma a voz de sua avó querida a dizer:

— Coragem, Antonina. O Senhor está com você! Confie no Senhor que nunca nos desamparou. Peça ao rapaz um tempo maior para pensar sobre o assunto. Você precisa apenas de uns dias mais. Confie em Jesus!

A moça sentiu seu coração sereno, como se toda a angústia fosse banida de seu peito, num passe de mágica. Uma alegria imensa invadiu sua alma. Sim, falava alto para Ismael, como se o filho pudesse entendê-la – Deus está conosco. E se Deus é por nós, quem poderá ser contra?

Tomada de coragem e confiança, dirigiu-se ao trabalho com a convicção de que encontraria a solução, não sabia como, mas encontraria.

Quando chegou à mansão onde trabalhava, o rapaz ainda dormia. Deu seqüência ao serviço normalmente, e quando Valdomiro a procurou, recebeu-o com educação.

Acostumado com a repulsa da moça, o rapaz sentiu-se animado:

— Então, gatinha, pensou naquele nosso assunto?

A moça pensou antes de responder. Lembrou-se do conselho e de sua avó, que registrara em sua memória.

— Sim, Valdomiro, pensei muito. Olhe, vou lhe dizer uma coisa. Gostaria que você me desse um tempo maior para decidir, pois ultimamente não tenho tido condições nem de raciocinar direito. Você sabe, minha avó faleceu há pouco tempo e sofri muito com isto. Por outro lado, meu filho também tem andado adoentado. Olhe, eu até me simpatizo com você, mas terá que ter paciência, além do que preciso trabalhar, você me compreende?

O rapaz ficou sério. Na verdade esperava uma recusa, pois conhecia muito bem a reação de Antonina, pelas investidas anteriores. Sentiu-se animado com a resposta educada da moça e, ao mesmo tempo, foi tocado em sua sensibilidade.

— Olhe, Antonina, dou-lhe o tempo que quiser. Veja, mais uma semana está bem? No sábado que vem, meu pai vai dar uma festa aqui em casa e gostaria de ter até lá uma resposta sua, sabe? Olhe, se tudo der certo entre nós, não tenha dúvida que eu a apresento à minha família como minha namorada. Fique sabendo que tenho coragem para isto, você verá.

A moça sorriu diante da inconseqüência de Valdomiro. Era um menino crescido e acostumado a fazer tudo que queria; sabia que seus pais não mais tinham autoridade sobre ele, mas daí a querer assumir um namoro? Pura fantasia e fanfarronice de um garotão, filhinho de papai. Antonina não se iludia, mas mesmo assim sorriu diante de sua infantilidade.

Valdomiro saiu pulando pelos corredores da casa, como se tivesse sido contemplado com o maior prêmio do mundo e Antonina suspirou aliviada. Teria mais uma semana para que a providência Divina a ajudasse a encontrar uma saída.

Chegou o fim de semana. O trabalho de Auditoria e verificação de Controles Internos desenvolvido por Felipe era intenso e requeria muita atenção. O rapaz constatava os pontos fortes e fracos e procurava desenvolver um diagnóstico preciso de Auditoria Preventiva. Por um dos funcionários do setor de contabilidade, ficou sabendo de um Centro Espírita próximo ao hotel onde se hospedava. Embora a cidade fosse de grande porte, no fim de semana ficava às moscas. Parecia-lhe que todas as pessoas sumiam, de forma que aproveitou a calmaria para conhecer a Instituição. Era um sábado ensolarado e Felipe aproveitou a folga para dar uma boa caminhada. Dirigiu-se para o Centro e pôde participar do Evangelho da tarde. Ficou feliz pela oportunidade, pois fazia tempo que não freqüentava mais as reuniões mediúnicas. Após a palestra, procurou o grupo de jovens, mas percebeu que as atividades eram incipientes. Fez amizade e despertou interesse quando ficaram sabendo que era de São Paulo. Tomou conhecimento de todas as atividades desenvolvidas e deu sugestões nos moldes do Grupo de Jovens que ele participara. Todos ficaram maravilhados com as possibilidades e Felipe aproveitou para comentar a respeito do caso do Sr. Agripino. O jovem que era o líder do grupo disse-lhe:

— Olhe, Felipe, nós não temos ainda atividades deste porte, pois aqui no interior ainda não estamos acostumados com os problemas da dimensão que vocês vivem em São Paulo, mas a idéia é boa. Meu pai é um dos responsáveis pela parte assistencial de nosso Centro. Vou falar com ele; também fiquei sensibilizado com o problema. Venha aqui amanhã às dez da manhã, que temos o Evangelho e meu pai estará aqui. Tenho certeza de que poderemos ajudar seu amigo.

Felipe sentiu-se feliz e com alegria incontida retornou ao hotel. Tomou um banho e dirigiu-se ao local onde costumeiramente ficava o Sr. Agripino, mas qual não foi sua surpresa, ao não ver seu amigo no lugar de sempre. Sentiu-se um tanto quanto decepcionado. Desejava falar ao amigo da novidade, da possibilidade de ser assistido pelo Centro. Deu uma volta no quarteirão, mas nem sinal. Com certeza deve ter ido a outro local pedir hoje, ou então ficou em seu cantinho, porque a tarde esteve muito quente.

Dessa forma, continuou sua caminhada. Passou defronte ao cinema da cidade e, na falta do que fazer, resolveu assistir a um filme. No dia seguinte, novamente se dirigiu ao Centro, encontrando-se com o jovem com o qual conversara no dia anterior e este estava feliz:

— Felipe, tenho boas novas. Falei com meu pai a seu respeito e ele quer conversar com você. Acho que poderá auxiliar seu amigo, com certeza.

O rapaz sorriu com a espontaneidade do jovem.

— Espero que sim, Marcos. Onde está seu pai?

— Espere um pouco mais, Felipe. Meu pai está fazendo a palestra de hoje. Pediu-me que lhe dissesse para que o esperasse; assim que terminar irá conversar com você.

De fato, não demorou muito e o pai de Marcos estava à disposição de Felipe. O rapaz sentiu imediata afinidade com o Sr. Guilherme, que ainda aparentava jovialidade.

— Bom dia, Felipe – cumprimentou cordial. – Marcos falou-me com muito entusiasmo de suas atividades em São Paulo. Vai ficar quanto tempo aqui conosco?

— Não muito tempo, talvez uns dez dias mais, talvez menos, pois o trabalho em que estou envolvido está se desenvolvendo a contento, de forma que a previsão original talvez seja antecipada.

— Você é o auditor que está trabalhando na Usina M, do Sr. Camargo?

— Sim – respondeu o rapaz –, o Sr. Conhece a empresa?

— Sim, meu rapaz. Trabalho lá há pelo menos uns vinte anos, desde que era garoto. É uma boa empresa, estou satisfeito com o trabalho. O Sr. Camargo é um bom patrão.

— Em qual Departamento o Sr. trabalha?

— Ah, eu sou agrônomo. Meu trabalho é no campo, mas vira e mexe apareço no escritório. Outro dia me falaram de você. Dizem que está desenvolvendo um bom trabalho. Mas vamos lá – continuou –, não estamos aqui para falar de trabalho. Em que posso ajudá-lo, meu rapaz?

— Sr. Guilherme, na verdade não estou pedindo nada para mim, mas para um mendigo a quem me afeiçoei. Já está bem idoso e muito doente. Tem enormes feridas nos braços e pernas; quase não consegue mais andar. Contou-me sua história e é muito triste. Se o Centro pudesse ajudá-lo de alguma forma, eu ficaria eternamente grato pela caridade ao meu amigo.

O pai de Marcos olhou fundo nos olhos de Felipe e sorriu. Levantou-se e abraçou-o convidando para um café na lanchonete ao lado, mantida pelo Centro.

— Meu jovem, nossos recursos são muito escassos e os colaboradores são raros. Nosso Centro sobrevive graças à ajuda de pessoas abnegadas e o número de necessitados que assistimos é cada vez maior. Em sua maioria, são criaturas pobres e sem estudo, que a onda renovadora e impiedosa atirou à margem do caminho. Para os filhos, procuramos dar alimento, para os adultos, escolas profissionalizantes. O trabalho é intenso e diariamente Jesus nos tem feito o milagre da multiplicação, com os recursos tão escassos, mas, no final, conseguimos atingir todos nossos objetivos. Como? Só Deus sabe. Por esta razão, vamos considerar o auxílio ao seu amigo; onde se atendem duzentos, um a mais não faz diferença.

Tomaram um café enquanto parecia que Guilherme pensava qual a melhor solução para o caso. Quando terminaram o cafezinho, com um gesto, convidou Felipe a acompanhá-lo. Circundaram o Centro pelo corredor até o fundo, onde um modesto cômodo estava entupido de móveis velhos.

— Acho que podemos limpar estes móveis, e aqui o seu amigo poderia se acomodar. De certa forma, seria bom. Embora doente, poderia tomar conta do local. Assim, estaria amparado e não lhe faltaria alimento nem roupas. Quem sabe ainda poderia lhe sobrar alguns trocados, não? Amanhã é segunda-feira. À noite temos Evangelho que é franqueado ao público e estarei aqui novamente. Traga seu amigo, que acomodaremos da melhor forma possível.

Felipe sentiu seu coração encher-se de alegria, pois via que, quando encontrava pessoas de boa vontade, a solução aparecia. Agradeceu comovido o auxílio inestimável que estaria prestando ao Sr. Agripino.

— Não, Felipe, não precisa me agradecer! Tenho certeza de que em São Paulo, no Grupo de Jovens de que participa, também devem amparar muitos necessitados. Imagino que lá as necessidades são muito maiores que aqui. Mas gostaria de pedir-lhe algo!

— Ora, Sr. Guilherme, por favor, estou às suas ordens!

— Na verdade, Felipe, gostaria que nestes dias que ainda vai estar por aqui, você, com sua experiência, pudesse ajudar muito nosso Grupo de Jovens. Eles precisam ter mais atividades, participar com mais entusiasmo das atividades do Centro. Eu digo que os jovens trazem alegria! Mas precisam ser atuantes!

— Sr. Guilherme, pode contar comigo. Hoje mesmo vou procurar conhecer as atividades que são desenvolvidas, para planejar outras mais, inclusive que possam preparar peças de teatro com temas instrutivos para os jovens.

Assim combinaram. Felipe praticamente passou o dia com o pessoal do Centro. Uma sensação de alegria invadia sua alma como há muito tempo não sentia. Os jovens eram ainda muito inexperientes, mas tinham um entusiasmo contagiante.

À tarde retornou ao hotel. Após tomar banho e trocar de roupa, desceu para o saguão, dirigindo-se à rua onde normalmente estaria seu velho amigo mendigo, mas novamente não o encontrou.

Felipe começou a ficar preocupado. Por que o Sr. Agripino por dois dias seguidos não aparecia em seu local de costume?

Na segunda-feira à noite, no horário aprazado, Felipe compareceu ao Evangelho. Ouviu atentamente a palavra da noite, em que o expositor eloqüente e visivelmente envolvido pela espiritualidade falava da caridade, segundo o apóstolo Paulo. O rapaz sentiu-se envolvido em suaves vibrações, e um sentimento de necessidade de trabalho espiritual o envolveu. Lembrou-se dos amigos do Grupo de Jovens em São Paulo, e só então percebeu como se havia distanciado de tudo. Enquanto era proferida a prece de encerramento, a música de fundo trazia-lhe ao coração lembranças amigas. Seu pensamento viajou recordando a primeira vez que havia posto os olhos em Antonina. Aquele olhar assustado jamais esqueceria em sua vida. Sua beleza, sua pureza de alma e a fatalidade que o levou a conhecer a moça à beira do suicídio[8]. Chorou com sentimento profundo, sentindo-se envolvido pela emoção do momento da prece, percebendo que aquele amor ainda estava vivo em seu coração. Como podia? Já transcorrera quase dois anos, estivera por mais de um ano em outro país, conhecera outras pessoas, mas reconhecia que Antonina era uma lembrança que recusava abandonar a sua memória. Teria oportunidade de

---

(8) Episódio do livro *"Crepúsculo de Outono"* – Nota do Autor Espiritual.

encontrá-la novamente? O que faria se os caminhos intrincados do destino os colocassem novamente frente a frente? Ah! Felipe não tinha dúvidas. Se a encontrasse novamente, não a deixaria ir embora, jamais. A prece de encerramento estava no fim. Aproveitando o momento de oração, pediu a Deus por Antonina. Ainda emocionado, recordou-se de Agripino. Justamente quando encontrava uma alternativa de solução, o velho mendigo desaparecera.

Após o término da reunião, procurou Guilherme, manifestando sua preocupação.

— Felipe, não se preocupe sem necessidade. Seu amigo deve ter tido algum problema, ou simplesmente mudou de ponto. Pode ser que ele tenha escolhido outro local mais perto, para que não tivesse que se locomover muito. Olhe – acrescentou procurando tranquilizá-lo –, vou solicitar à nossa Assistente Social que procure pesquisar o que realmente aconteceu. Aqui é fácil. Embora seja uma cidade de porte médio, todo mundo conhece todo mundo.

— Espero que o senhor tenha razão, "seu" Guilherme. Mas realmente começo a achar que alguma coisa aconteceu com o Sr. Agripino, pois ele já estava acostumado àquele lugar.

— Fique tranqüilo, meu jovem – redargüiu Guilherme abraçando-o –, você vai ver que amanhã à noite seu amigo já estará aqui conosco.

Felipe sorriu. Guilherme tinha razão, com certeza no dia seguinte seu protegido estaria feliz no cantinho especialmente a ele reservado no Centro.

— O senhor tem razão. Mas apenas gostaria de pedir-lhe um favor!

— Fale, meu rapaz, é só pedir.

— Amanhã, tão logo a Assistente Social souber de alguma coisa, por favor, telefone-me no escritório avisando.

— Não se preocupe, deixarei instruções para que me liguem e eu aviso.

Naquela noite, Felipe não dormiu tranqüilo. Um sentimento de saudade rondava seu coração ao mesmo tempo que uma sensação de tristeza o angustiava. Tinha viva a impressão de que algo ocorrera com seu amigo mendigo.

No dia seguinte, chegou cedo aos escritórios da usina. Nada melhor que o trabalho intenso para ocupar nossa mente, ponderou consigo mesmo. Assim não sobra tempo para tristezas e amarguras que se instalam em nossas mentes nas horas vazias. O dia transcorria calmo. Felipe analisava as planilhas e refazia seus cálculos, verificando as evidências e as projeções futuras do fluxo financeiro da Empresa.

Sim, pensava consigo mesmo, se tudo correr bem, até sexta-feira estará implantado o sistema. No sábado poderei ir embora.

Já passavam das três horas da tarde, quando a campainha do telefone retiniu desagradável aos seus ouvidos. Numa fração de segundos, novamente aquele sentimento de angústia invadiu sua alma. Atendeu preocupado. Era o Sr. Guilherme.

— Felipe, como havíamos combinado, estou ligando, pois nossa Assistente descobriu o que ocorreu com o Sr. Agripino.

— Sim, Sr. Guilherme. Por favor, queira dizer-me o que aconteceu? Tenho a impressão de que não deve ser nada bom, não é mesmo?

— Infelizmente você tinha razão, Felipe. O Sr. Agripino faleceu na última sexta-feira, vítima de um atropelamento. O pobre homem já não conseguia se locomover bem e ao tentar atravessar uma rua foi atropelado por um motorista imprudente, que não respeitou o semáforo vermelho. A morte foi instantânea e creio que para nosso amigo foi uma libertação, Felipe!

O rapaz não sabia explicar seus sentimentos. Desligou o aparelho e soluçou como se houvera perdido uma pessoa muito querida em sua vida. Felipe acreditava em reencarnação, mas quem poderia ser o velho mendigo? O que representava para ele? Um dia saberia a resposta. Gostaria tanto de ter tido a oportunidade de oferecer àquela alma sofrida um pouco de carinho e dignidade no final de sua vida, mas aquele inesperado acontecimento mudara completamente seus planos. Deus é grande, pensou, e tem seus desígnios. Naquele momento o Sr. Agripino já havia transposto o grande portal da eternidade, e feliz, no seio do Criador, estava junto de seus entes queridos!

Os Dragões do Portal

Aquela era a noite que deveríamos visitar o *"Portal do Abismo"*. Segundo me informou o Assistente Valérius, os planos Superiores haviam autorizado nossa incursão, para fins de aprendizado, com a recomendação de que tivéssemos acompanhamento para que não houvesse nenhum imprevisto de percurso.

O Assistente me esclareceu o porquê dos cuidados:

— Virgílio, Deus em sua grandeza está em toda parte, inclusive nos abismos mais profundos. Semelhante atrai semelhante, dessa forma, por leis sábias que regem todo cosmo, existem regiões em que pelas conseqüências das causas praticadas aqueles nossos irmãos, que perseveram no mal, acabam sendo segregados para locais que lhes são próprios. Hoje estaremos em visita a uma região onde o domínio das sombras aparentemente é completo. Quem lá está, não é por acaso, e necessitam de longo tempo de purgação para as mazelas que semearam, contrariando as leis divinas. Ao invés do bem, viveram para o mal e, agora, apenas o tempo pode se encarregar de levantar aqueles espíritos.

— Mas – inquiri preocupado – não diz o Evangelho que Deus é soberanamente bom e justo? Que é todo poder? Que está em todos os lugares? Que perdoa sempre? Como ainda podem existir lugares como este?

— Sim, Virgílio. A bondade suprema de Deus não exime o infrator de suas culpas e nem da reparação necessária. O celerado não se transforma da noite para o dia, da mesma forma que aqueles que destruíram lares, famílias, vidas de jovens inexperientes, devem também sofrer as conseqüências das ações praticadas. A terra, antes de receber a semente e tornar-se produtiva, tem de ter as condições mínimas de húmus e umidade, pois aquela que é estéril perderá a semente que nela for lançada. Estas almas apresentam-se como terra estéril, apenas com a diferença que, com a ação do tempo e do sofrimento, poderão através do arrependimento sincero e da purgação de seus males se regenerar. Mas não basta apenas o desejo: é necessário que haja a ação do tempo para que tudo seja restituído aos seus devidos lugares. Além do que, o arrependimento por si só não basta: é primordial que haja sempre a ação reparadora, para refazer o mal praticado. Entretanto, o estágio de endurecimento espiritual de muitos irmãos nossos leva-os, às vezes, a séculos de sofrimento. Infelizmente Virgílio, aqueles que utilizaram seus talentos para destruir em vez de construir, talvez por não acreditarem na Justiça Divina, ao aportarem para o lado de "cá" surpreendem-se, pois imaginavam apenas o "nada" após a morte. Num primeiro momento, surpreendem-se diante da realidade com que se defrontam. Em seguida se desesperam. Depois se revoltam e, por fim, após longo período de purgação e dor se arrependem. Quanto tempo é necessário? O Senhor sempre espera que seus filhos rebeldes um dia se arrependam. O mal é transitório, apenas o amor é eterno.

Valérius fez uma pausa natural. Eu sentia que estava prestes a viver uma experiência que jamais haveria de esquecer; entretanto, uma leve sensação de temor me invadia e me envolvia de forma que quase não podia me controlar. Preocupado, questionei o Assistente, que procurou serenar meu coração:

— Acontece, Virgílio, que as ondas vibratórias daquela região são extremamente pesadas e negativas e, como estamos falando a respeito, você inconscientemente se ligou naquela freqüência. Embora estejamos em condições vibratórias bem mais sutis, sua mente, sintonizada, capta todo sentimento de angústia, sofrimento, revolta e dor daqueles que lá se encontram. Quando lá estivermos, necessitaremos de muito equilíbrio e oração para não nos entregarmos ao desespero das visões que presenciaremos. Por esta razão, há necessidade do acompanhamento de alguém que nos dará a retaguarda necessária. Não estaremos sozinhos no Grande Portal.

Após este esclarecimento, o Assistente deu as últimas recomendações ao Dr. Flamínio que, na ausência de Valérius, era o responsável pela *"Mansão dos Jovens"* e saímos.

Já do lado de fora de nossa colônia, diante dos raios da lua que nos iluminava com sua luz esmaecida, o mentor convidou-me para uma prece:

— *"Jesus, Mestre de amor e misericórdia. Dê-nos a bendita possibilidade de servir, de amar, de semear a caridade em Seu Santo Nome! Quantos, Senhor, receberam os talentos para servir e os enterraram. Outros, Senhor, utilizaram os talentos para destruir, para criar a dor, a miséria e a perdição. Piedade, Senhor, para aqueles que sofrem nos abismos de dor e lágrimas as conseqüências de seus atos de impiedade. Estenda mesmo nas sombras, Senhor, Suas mãos magnânimas para aqueles que ainda não O conhecem. Dê-nos sempre, Senhor, a alegria de ser discípulo, mesmo que imperfeitos, por já termos a compreensão e o entendimento, enquanto outros tantos se debatem na escuridão da ignorância e da revolta! Acima de tudo, Senhor, ampare-nos sempre para que possamos resistir contra o mal, perseverando no bem, lutando constantemente contra as tentações do mundo enganoso dos prazeres efêmeros! Fortaleça-nos ainda, Pai de misericórdia, para que nos-*

sos corações estejam sempre O amando, como amamos nosso próximo! Seja conosco, Senhor, agora e sempre!"

Senti-me fortalecido e revigorado em minhas disposições íntimas com a prece. A figura do Assistente Valérius irradiava luz amarelo clara, que quase se confundia com a luz do luar. Com um gesto indicou-me a segui-lo. Enquanto nossa colônia ficava para trás, começamos a penetrar nas densas camadas da subcrosta. O impacto das vibrações pesadas e angustiosas não nos atingia, mas eu identificava sua intensidade. Chegamos a um local lúgubre, cujo enorme penhasco escuro não me permitia vislumbrar sua profundidade. A neblina era intensa e escura. Quando os olhos se acostumaram à escuridão, pude verificar que estávamos em um terreno pantanoso. Percebia que, no meio de grande cipoal, espíritos encontravam-se aprisionados, lutando em vão para se libertarem. Grande lamaçal de cor negra retinha outro grupo que estendia suas mãos quais prisioneiros de areia movediça, tentando se livrarem, inutilmente. Observei aterrado: eram milhares e milhares enredados em grande sofrimento! Meu Deus, pensei, estariam entregues à própria sorte? Até quando duraria aquele sofrimento sem fim?

— São muitos irmãos nossos, prisioneiros de si mesmos, de seus vícios, que os levaram à própria destruição – esclareceu-me serenamente Valérius. – Mas nenhum deles está abandonado, pois a bondade do Pai não desampara nenhum filho Seu. Existem caravanas de Samaritanos que resgatam, de períodos em períodos, aqueles que forem apresentando as mínimas condições.

Estávamos imunes pela nossa condição vibratória, mas mesmo assim eu podia perceber o mau cheiro que exalava por todos os lados. Observei árvores retorcidas e ressequidas, sem vida. Os gritos e os lamentos cortavam o ar, juntamente com sinistras gargalhadas. Um leve tremor sacudiu-me. Valérius envolveu-me em afetuoso abraço, recomendando oração.

Descíamos cada vez mais por estreita passagem. Ao nosso lado, o abismo medonho, qual enorme cratera de vulcão. De repente o caminho ficou mais largo e pude vislumbrar belíssima luz a brilhar naquele sítio de sombras e tristeza. Quando nos aproximamos, pude verificar que iluminado espírito nos aguardava ao lado de enorme fenda que se abria num penhasco. Aproximamo-nos. Pude então extasiar meus sentidos com a visão angelical de Diana! Sua beleza e sua luz inundou meu coração de alegria! Valérius esclareceu-me que era um espírito devotado ao socorro aos degredados do grande Portal, que em trabalho de renúncia se mantinha em estreita vigilância para resgate daqueles que se apresentassem em condições de socorro. Quando identificava o sofredor arrependido, Diana se comunicava com a equipe de resgate que, devidamente preparada, adentrava o *Portal* sem as diferenças vibratórias, e, de lá, retirava as almas sinceramente arrependidas. Era um trabalho de abnegação e renúncia que Diana já contabilizava há alguns lustros.

Diana caminhou em nossa direção, estendendo suas alvas mãos num abraço carinhoso, envolvendo em suave luminosidade o Assistente Valérius, que lhe beijou a destra respeitoso.

— Virgílio, nossa irmã Diana pertence às hostes de Maria Santíssima! Será nossa guardiã e responsável pela nossa segurança durante nossa permanência no grande *Portal.*

Eu estava embevecido diante da beleza de Diana. Não era apenas a beleza que me tocava, mas a aura de simplicidade e a luz que irradiava, própria dos espíritos elevados. Senti-me pequeno diante de seu carinhoso abraço, deixando que meu coração pulsasse descompassado em meu peito, reverenciando aquele momento sublime. Recordei o ensinamento de Valérius que dissera que até no abismo, nas sombras mais profundas, a bondade do Criador se manifestava sempre. Diana era para mim o exemplo de tudo isto, pois experimentava a sublimidade daquele momento no limiar do grande Portal, região de trevas e sofrimento.

Após os cumprimentos, Diana nos convidou a segui-la, dirigindo-se particularmente a mim, que era novato em incursões em regiões tão densas e remotas.

— Irmão Virgílio, mantenha-se sempre em oração e vigilância, para que sua freqüência mental esteja sempre elevada e em condições de amparo em caso de necessidade. Os quadros que presenciar poderão abalar seu equilíbrio. Todavia, confie. Não pense que estes nossos irmãos estão simplesmente à deriva da Lei: para tudo existe uma razão lógica e verdadeira. Quem semeia ventos, colhe a tempestade devastadora e quem planta espinheiros, fere-se nos acúleos que imprudentemente semeou.

Assim o fizemos. Postei-me atrás de Diana, tendo o Assistente Valérius ficado à minha retaguarda. Adentramos o Portal. Apesar de nossa imunidade, não pude deixar de registrar o pesado impacto das vibrações negativas que eram emanadas daquele local. Percebi a presença de dois guardiões com fisionomia de símios, paramentados de vermelho escuro, armados de escudo e espada. Estavam postados vigilantes para impedir a entrada e a saída de intrusos. Valérius esclareceu-me que eram soldados da falange dos Dragões, espécie de hierarquia militar que imperava dentro do Portal e do Abismo. Obedeciam suas próprias leis.

Seguimos em frente. Notei a existência de várias cavernas, cada qual com guardiões de vermelho postados à entrada, e extensa clareira exibindo grande quantidade de espíritos a gritarem desesperados, pois encontravam-se prisioneiros de imenso lodaçal fumegante, exalando horrível cheiro de enxofre. Enquanto os gritos e impropérios se elevavam na pesada atmosfera, um grupo de guardiões, empunhando enormes chicotes, fustigava aqueles que tentavam sair.

— Ah! Ah! Ah! – gargalhava um deles – vocês nos pertencem! Vocês estão experimentando a grande justiça dos Dragões! Quem é que diz que existe Deus? Existe apenas a nossa justiça! Ah! Ah! Ah! Vocês não mataram? Não destruíram vidas? Não abusaram de seus semelhantes? O que queriam? Um paraíso para repouso eterno? Tomem, isto é o que vocês merecem – exclamou estalando o chicote sobre a turba sofredora.

Eu estava impressionado. Enquanto Diana permanecia vigilante para garantir nossa integridade, Valérius me orientava:

— Aqui estão, Virgílio, aqueles que semearam a morte, aqueles que contribuíram para os vícios das drogas, desde os que se serviram de instrumento para distribuir, até os grandes chefões do tráfico; também os que mataram impunemente pela prática do aborto e os que se aproveitaram do poder para legislar em causa própria, que no exercício dos cargos públicos desviaram recursos que poderiam salvar vidas, dar educação aos menos favorecidos. Encontram-se aqui os que contribuíram para que a velhice ficasse desamparada e sem remédio, os que abusaram da inocência de jovens, jogando vidas na lama da prostituição sem nome. Ah! Virgílio, quanto mal se semeia ainda em nome de Deus, de forma que aqueles que abusaram do talento da inteligência e da religião, para enganar e roubar em nome do Pai, os ímpios, também aqui estão. Bem diz o Evangelho que haveria choro e ranger de dentes!

Eu observava estarrecido e podia compreender que aquele quadro simbolizava perfeitamente o inferno eterno, pois para aquelas criaturas em aflição contínua o tempo não devia passar, entregando-lhes a impressão de que se eternizava aquele sofrimento medonho. Embora sentisse piedade pela dor desumana e pela tortura atroz a que eram submetidos, sabia que a

Lei é sábia: aqueles irmãos não estavam ali por acaso nem por um ato de injustiça. Aliás, poucos momentos atrás, o Assistente Valérius havia-me esclarecido quem eram aquelas criaturas e o que tinham feito.

— Estes nossos irmãos – continuou o Assistente – devem purgar por longo tempo através deste sofrimento purificador. Diana está sempre vigilante, pois o arrependimento da alma é fator essencial para sua libertação, e então, a Caravana de Maria se faz presente, resgatando aqueles que sinceramente se arrependeram. Leva-os em seguida para uma região intermediária, situada no umbral, onde estagiam por algum tempo, adormecidos, antes de mergulharem na carne para uma reencarnação compulsória.

Continuamos a caminhada. Adentramos uma das cavernas logo à nossa frente. Surpreendi-me, pois o lado de fora não dava idéia da dimensão interna. Era enorme, parecia-me que se dilatava em todas as direções. Pendurados nas paredes, espíritos eram chicoteados pelos Dragões, cujo prazer era torturá-los de forma cruel. No piso da caverna, grande número de sofredores, amarrados, sofria golpes de silício a exibirem enormes feridas pelo corpo, provocadas pelas extremidades pontiagudas. Os gritos eram estentóricos, as pragas se elevavam no ar, a revolta e o ódio estavam estampadas em cada fisionomia. Interessante era observar que, de um modo geral, não havia nenhuma fisionomia contristada ou algum olhar de arrependimento. As blasfêmias e os impropérios eram proferidos aos gritos alucinados, enquanto os Dragões se divertiam diante da reação de cada um. De um modo geral, todos apresentavam fisionomias disformes, quase desumanas.

Seguindo em frente, adentramos outra caverna. Os gritos se ouviam de longe, pois naquele local um grande lago exibia grande quantidade de água espessa e escaldante, à semelhança de rios poluídos e fétidos. Em todos os locais, observei que o chicote nas garras dos Dragões estalavam impiedosamente, obrigando os torturados a se manterem a maior parte do tempo possível embaixo da água.

Numa das cavernas que adentramos, notei que a maioria dos espíritos sofredores lá presentes também sofria torturas impiedosas por parte dos guardiões. Entretanto, o que mais me surpreendeu foi que muitos deles não possuíam membros, outros exibiam a forma perispiritual com deformidades, ou ainda exibiam fisionomias quase animalescas. Notei que, entre os Dragões, um deles se destacava como se fosse o líder. Valérius informou-me que era um espírito já muito conhecido nas lides espirituais, desde a época das inquisições, que perpetrara muito mal, embriagado pelo poder de decidir a morte de qualquer um em nome da religião. Ele se auto-intitulava *"O Leviatã"*.

Estava paramentado com vestimentas religiosas, tudo de cor vermelho escuro. Sua fisionomia era horrível qual um caprino, cujos pés mais se assemelhavam a patas de animal e, no alto da cabeça, despontavam protuberâncias escuras. Ele observava tudo experimentando enorme satisfação. Não pude me conter, perguntando ao Assistente:

— Como poderíamos entender esta situação? Não diz o Evangelho que o espírito não retrograda? Tenho observado que são espíritos inteligentes que praticaram o mal, mas apresentarem-se com a forma perispiritual alterada, alguns perdendo inclusive a forma humana? Não estaria, nestas condições, havendo um retrocesso?

— Virgílio, aprendemos na Lei que o espírito não involui, mas a forma perispiritual se degrada, à medida que reflete todas as ações e atitudes que praticamos. Dessa forma, vamos entender que estes nossos irmãos não perderam as aquisições e o progresso que eventualmente efetuaram, mas pelas deformidades perispirituais que apresentam, podemos ter uma idéia da dimensão do mal que praticaram.

A explanação de Valérius foi precisa. Compreendi que a Lei Divina é sábia e justa e que não existe privilégio para ninguém. Deus não pune nenhum de seus filhos rebeldes, mas todos nós sofremos a reação da ação que praticamos. Se a ação é boa, nós nos beneficiamos, pois nosso perispírito reflete todos nossos gestos de carinho, de atenção, de amor, de paciência, de humildade e de caridade. Mas, se nossa ação é voltada para o mal, a reação do mal fatalmente irá ser refletida em nós mesmos, na tessitura delicada de nosso perispírito. Podemos enganar todas as criaturas no mundo de César ao arrepio da lei terrena, mas não enganamos a nós mesmos, à nossa consciência; ela é o espelho daquilo que fomos na vida material.

Enquanto isto, observei que o *"Leviatã"* caminhou em direção ao fundo da caverna. Diana com um gesto convidou-nos a segui-lo. Surpreendi-me mais uma vez, quando deparei com enorme altar com estranhos símbolos, tudo na tonalidade vermelho escuro. No centro, enorme fogueira ardia e ao lado do altar grande plataforma exibia, em local mais elevado, um trono de cor escarlate. O Leviatã caminhou lentamente com satisfação, ao mesmo tempo que era reverenciado por todos os Dragões. Sentou-se no trono qual monarca que detém grande poder. Olhava satisfeito por suas ordens serem cumpridas e era respeitado como grande mandatário do Portal. Pesado silêncio se fez. Naquele momento, até as torturas foram interrompidas momentaneamente, cessando por algum tempo os gritos alucinados e os impropérios. Torturadores e torturados fizeram o mais absoluto silêncio, enquanto a voz do Leviatã soava gutural e rouquenha, mas poderosa:

— Vocês todos estão sentindo a mão pesada da justiça de Leviatã. Os Dragões obedecem minhas ordens e aqui eu sou a justiça! Vocês não acreditam em Deus? Eu sou aquele que em nome Dele faz valer a justiça! Vocês estão em meus domínios e sabem disto, então respondam: Quem tem poder aqui?

Todos os Guardiões e os torturados se postavam em atitude de reverência, respondendo em uníssono:

— Vós sois o todo poderoso, Ó grande Leviatã!

— Então me respondam, quem governa os destinos de todos vocês? Quem decide sobre suas vidas? Quem vocês se comprometem a adorar incondicionalmente?

— Vós é que adoramos, vós é que sois o todo poderoso, Ó grande Leviatã.

Aquela arenga parecia não mais ter fim. Já tínhamos presenciado tudo o que se podia imaginar, de forma que Diana assinalou com um gesto que nossa incursão estava terminada. Rapidamente deixamos aquelas paragens. Em poucos minutos estávamos do lado de fora do Grande Portal, onde havíamos entrado. Despedimo-nos de Diana, que permaneceu no local, qual anjo exilado naquela triste região de dor e sofrimento!

Enquanto nos afastávamos, observava a distância a luz de Diana que aos poucos desaparecia, qual estrela cadente que brilha e some na escuridão da noite. Em poucos minutos deixamos abaixo a negra região. No alto do céu, os astros brilhavam intensamente. A Via Láctea qual gaze iluminada nos convidava a orar ao Senhor dos Tempos, agradecendo por já sermos o que somos, por já termos o entendimento do Evangelho. Uma alegria imensa invadiu-me a alma e, quando o Assistente Valérius me convidou a proferir uma prece de agradecimento a Deus, meus olhos se encheram de lágrimas e meu coração transbordou de agradecimento. Em minha prece, recordei um trecho da prece de Caritas:

Senhor, que a Vossa bondade se estenda sobre tudo que criastes. Piedade, Senhor, para aqueles que não Vos conhecem, esperança para aqueles que sofrem. Que a vossa bondade permita aos espíritos consoladores derramarem por toda a parte a paz, a esperança e a fé. Senhor, um raio, uma faísca de Vosso amor pode abrasar a terra e nossos corações. Dai-nos a caridade pura, dai-nos a fé e a razão, dai-nos a simplicidade que fará de nossas almas um espelho, onde deve refletir a Vossa iluminada imagem. Assim seja.

O REENCONTRO

Chegara finalmente o sábado. Felipe concluíra o trabalho na sexta-feira e seu desejo era retornar logo na manhã seguinte para São Paulo. No fundo de seu coração, sentia-se solitário e amargurado. Havia passado quinze dias naquela cidade e, apesar de ter feito algumas amizades, ainda estava entristecido pela morte de Agripino. Não sabia explicar a razão, mas havia se afeiçoado ao pedinte, cuja história o comovera.

No fundo, tinha tido esperança de encontrar alguma moça que lhe despertasse algum sentimento, mas, infelizmente, isto não acontecera. Só não ia embora ainda no sábado, porque após apresentar à diretoria o relatório de seu trabalho o diretor da empresa chamou-o em seu gabinete. Felipe atendeu imediatamente, pois o presidente demonstrara simpatia pelo jovem.

— Senhor Felipe – disse o diretor –, gostamos muito do trabalho que desenvolveu em nossa Organização. Eu particularmente estou muito satisfeito e confesso-lhe que vou encaminhar uma carta à sua empresa, elogiando seu trabalho e suas atitudes altamente profissionais. Tenho certeza absoluta de que os resultados serão compensadores e atenderam completamente nossas expectativas. Sem dúvida, seus superiores deverão valorizar seu trabalho. Parabéns, meu jovem – completou o diretor, cumprimentando-o.

Diante dos elogios espontâneos, o rapaz sorriu e respondeu meio sem jeito:

— Muito agradecido, doutor. Na verdade cumpri apenas com meu dever profissional. Estou sempre à sua disposição quando precisar. Por favor, se algum profissional de sua empresa tiver alguma dúvida, estou à inteira disposição para auxiliar no que for necessário.

— Muito bem, Felipe, este é seu nome, não? Pois bem, fica na cidade até quando?

— Na verdade, doutor, estou pensando em descansar esta noite e amanhã de manhã retornar para São Paulo.

O diretor olhou demoradamente para o rapaz, chamou a secretária pedindo um café para ambos, enquanto acendia um cigarro. Todos os funcionários estavam admirados, pois Felipe estava sendo distinguido pela atenção do presidente, coisa rara dentro da Companhia. Enquanto saboreavam o café, o diretor prosseguiu:

— Sabe, rapaz, gostei muito de você. Não vá embora no sábado não; à noite minha esposa está fazendo aniversário e vou dar uma festa. Gostaria que ficasse como meu convidado. Teria muita satisfação em sua presença.

Felipe estava surpresa pela distinção com que estava sendo tratado. O convite era simpático e seu bom senso recomendava que não recusasse o alvitre.

— Ficarei, doutor, com muita satisfação. Pode contar com minha presença!

— Ótimo, rapaz. Fico realmente satisfeito que possa comparecer em minha casa. Até amanhã, então – concluiu o diretor com um aperto de mão.

Felipe retornou ao hotel. Mais esta, pensou, por que razão o presidente o convidava a ir a uma festa em sua casa? Qual o motivo? Por fim, resolveu relaxar. Qual problema em ficar um dia a mais? Estava com muitas saudades de seus pais, mas tudo bem, no domingo estaria de volta.

Antonina estava preocupada. Chegara o sábado e aquele era o dia em que Valdomiro esperava sua resposta. A semana se passara e ela não encontrara ainda nenhuma saída plausível para seu problema. Havia orado todas as noites e sentia-se confortada. Não tinha nenhuma solução, mas sentia grande paz de espírito.

Quando chegou ao trabalho, o rapaz ainda dormia. Com a cumplicidade da governanta, que gostava de Antonina, levava Ismael consigo, desde que não atrapalhasse o trabalho. Haveria uma festa naquela noite na casa e percebeu que o patrão se levantou por volta de dez horas da manhã e estava preocupado com os preparativos. Notando que o filho ainda não havia levantado, pediu-lhe que chamasse o dorminhoco.

Antonina com o coração apertado e preocupada bateu timidamente na porta do rapaz, que acordou mal-humorado:

— Quem é que está me acordando tão cedo? Será que não se pode dormir em paz nesta casa?

A moça não respondeu, mas quando o rapaz abriu a porta e viu que era Antonina, seu mal humor desapareceu, substituindo com um largo sorriso e completando malicioso:

— Ora, ora, quem mais não é que minha princesa! Não, não, não fale nada. Deixe-me adivinhar: já sei, você nem quis esperar que eu acordasse. Está tão feliz com a decisão e veio me acordar especialmente para alegrar minha vida, dando a resposta que eu tanto espero. Acertei?

A moça, constrangida, não sabia o que responder.

— Sr. Valdomiro, na verdade não é bem assim, eu estou aqui para...

Não concluiu, pois o rapaz a agarrou, puxando-a para dentro do quarto. Nisto o pai enfurecido vociferou da sala:

— Valdomiro, seu dorminhoco, levante-se imediatamente! Hoje temos muito o que fazer e você vai me ajudar nas providências, levante-se agora, pois temos que sair em poucos minutos.

Antonina suspirou aliviada. Fora salva momentaneamente pelo pai de Valdomiro. Resmungando, o rapaz foi ao toalete para sua higiene pessoal, enquanto a moça retornava para suas atividades.

Trabalhou tranqüila o dia inteiro e apenas no final da tarde voltou a ver novamente o incômodo rapaz, mas este estava por demais atarantado, às voltas com as determinações paternas, e não teve tempo para aborrecê-la novamente. Estava mais descontraída com a possibilidade de ter-se livrado, pelo menos naquele dia, de seu problema. Quando se preparava para ir embora, a governanta veio até ela meio sem graça:

— Antonina, desculpe-me, mas preciso que fique trabalhando esta noite.

A moça estranhou o pedido, uma vez que a festa já estava programada há algum tempo, e até então não havia sido informada de que teria de trabalhar.

— Não estou entendendo, Dona Gertrudes! Pelo que eu saiba, não estava previsto que eu devia trabalhar na festa. Eu nem vim preparada!

— Não se preocupe se está preparada ou não, minha filha. Realmente você não estava escalada, mas ordens são ordens. Desculpe-me, mas não posso contrariar a patroa, que já anda aborrecida.

— Muito estranho, Dona Gertrudes. Ordens da patroa?

— Sim, na verdade percebi que Dona Amália está satisfazendo a vontade do filho. Valdomiro insistiu com ela para que você ficasse para a festa.

— Ai, meu Deus! – exclamou a moça desconsolada. – O pesadelo vai continuar!

A governanta ficou penalizada com a situação de Antonina, pois conhecia seu drama e sabia que era uma moça de bons princípios.

— Olhe, minha filha, ficarei sempre por perto para evitar o assédio de Valdomiro. Conte comigo. Se necessário for, conversarei com Dona Amália.

— Não faça isso, Gertrudes! Você vai acabar perdendo o emprego por minha causa. Acha que Dona Amália vai se incomodar porque Valdomiro quer se divertir comigo?

Dizendo isto, afastou-se para seu quarto, onde Ismael repousava. Beijou o filho com lágrimas nos olhos. Orou mais uma vez, pedindo a Deus que a ajudasse. Que tortura, Senhor. Até quando terei que suportar esta agonia?

Chegou a noite. Dona Gertrudes passou-lhe um traje especial para que pudesse servir os convidados. O jardim com piscina era imenso e havia sido contratada uma banda para alegrar a festa e os convivas. Pontualmente, às vinte e uma horas, começaram a chegar os primeiros convidados, todos vestidos a rigor, pois o aniversário da patroa era acontecimento social na cidade, pelo poder e riqueza de que eram detentores. Aqueles que eram convidados se sentiam prestigiados e a sociedade local comentava e disputava o privilégio de ser convidado de festa tão chique. Dona Amália vestida como uma rainha e o seu marido, Sr. Camargo, postavam-se à entrada para receber cada um dos convidados.

A festa começou e o jantar foi servido a todos, enquanto a banda tocava músicas da preferência da anfitriã. Antonina ficou confinada na cozinha, auxiliando a preparação dos pratos; nem tivera a liberdade de dar uma espiada na festa. Sua preocupação voltava-se a Ismael, que ficara com um filho de outra empregada. O menino tinha apenas oito anos, de forma que Antonina a todo instante ia olhar como o filho estava. Ficava mais tranqüila ao ver que o garoto brincava com Ismael. Pelo menos neste aspecto, tudo estava bem. Numa dessas escapadas, encontrou-se com Valdomiro pelo corredor:

— Vem cá, minha franguinha. Pensou que escapou de mim? Está enganada, pois esta noite vou dormir com você em seu quarto! É esta noite, está bem?

Antonina virou o rosto. Valdomiro estava visivelmente embriagado. O cheiro de álcool destilava de sua boca com bafo insuportável. Com voz pastosa continuou:

— Esta será nossa noite de amor, minha queridinha! Você também vai gostar. Vai ver como será bom para nós. E o mais importante – continuou –, manterá seu emprego.

A moça não resistiu ao impulso e deu um empurrão no rapaz, que quase caiu. Saiu chorando para o toalete. Enxugou as lágrimas e retornou ao trabalho, onde sua presença era solicitada por Dona Gertrudes. A banda já tocara o "Parabéns" e o bolo ia ser partido por Dona Amália. Todos os empregados deveriam auxiliar a distribuir os pedaços de bolo aos convivas.

A governanta deu a Antonina sua bandeja, para a distribuição. A moça, sem jeito, começou a oferecer a cada um o bolo que estava sendo elogiado por todos, pelo sabor e pelo esmero dos confeitos.

De repente, aproximou-se de um grupo que conversava. Um dos convidados, trajando terno preto, elegantemente vestido, voltou-se para apanhar o bolo oferecido. Seus olhos se cruzaram. Antonina sentiu que o mundo girou ao seu redor. Meu Deus, aqueles olhos eram inesquecíveis e quantas vezes questionara Deus se um dia voltaria a vê-los novamente. A emoção foi forte demais, Antonina não conseguiu conter o sentimento represado em tantos anos de lutas, sofrimentos e saudades. Era Felipe que estava à sua frente e sua vista escureceu. A moça emitiu um gemido e desfaleceu. Houve um corre-corre, levaram-na para o quarto, enquanto a banda atacou com uma valsa e a festa continuou como se nada tivesse acontecido. Felipe estava aturdido: Meu Deus, era Antonina que estava à sua frente? Enquanto a moça era acudida, o rapaz ficou por minutos sem ação. Ninguém havia entendido o que ocorrera com a pobre moça. Algum mal-estar súbito, pensaram, e tudo continuou normalmente.

Felipe sentiu-se sufocado. De repente, todo o passado veio à tona. Seu coração descompassado necessitava de ar puro, respirar, para se recompor. Afastou-se para um canto isolado do jardim para raciocinar; não sabia o que fazer.

Quando Antonina retornou à consciência, recordou a visão de Felipe e começou a chorar. Dona Gertrudes esfregava álcool em sua fronte.

— O que houve, minha filha? O que está acontecendo, além do que já sei?

A moça soluçou baixinho, enquanto as lágrimas desciam abundantes pelo rosto. Tentando se recompor, respondeu:

— Ah, Dona Gertrudes, o destino é realmente caprichoso. Entre os convidados, estava um rapaz que amei muito há alguns anos atrás. Foi o amor de minha vida, mas infelizmente nos separamos; eu jamais o esqueci. Já se passaram dois anos, ele foi para os Estados Unidos e voltou. Se já não é casado, deve estar noivo! Eu fui encontrá-lo justamente aqui na festa! O que devo fazer?

A governanta não respondeu, pois Valdomiro adentrou o quarto de forma inconveniente, visivelmente alterado pela ação da bebida, segurando uma garrafa de cerveja, trovejando com sua voz pastosa:

— Belo espetáculo, minha franguinha! Se pensa que com isto vai escapar de me dar a resposta, está enganada. Desta noite não passa!

A governanta tentou intervir:

— Sr. Valdomiro, por favor, queira se retirar; Antonina não está bem.

— Quem é você para me dar ordens? Olha só se isto tem graça, agora a empregada dando ordens para o patrão. É muito engraçado, mas não estou achando graça nenhuma!

O rapaz estava em estado deplorável. Quase não parava em pé, e exatamente por esta razão se tornara mais inconveniente e valente:

— Dona Gertrudes, saia já daqui; quero ficar a sós com Antonina!

Diante da resistência da governanta, ordenou aos gritos:

— Saia imediatamente, já disse!

Antonina estava aterrorizada. Dona Gertrudes, sem alternativas, saiu do quarto, quando uma voz se fez ouvir por trás, educada mas firme:

— Desculpe-me, Sr. Valdomiro, mas eu gostaria que me deixasse a sós com esta moça. Tenho muito o que conversar com ela.

Era Felipe. Valdomiro olhou-o fundo nos olhos e, nervoso, retrucou:

— Ora esta, mais um inconveniente. Quem é você? Eu o conheço de algum lugar? Como ousa interromper minha conversa com minha namorada?

Antonina não resistiu, gritando:

— Felipe, pelo amor de Deus. Este rapaz é louco; não sou e nunca fui sua namorada!

— Ah, agora isto virou uma rebelião, é? Estão todos contra mim? Pois vamos resolver isto então no braço.

Dizendo isto, Valdomiro empunhou a garrafa e quebrou-a, segurando nas mãos o gargalo com múltiplas pontas afiadíssimas, investindo de forma violenta contra o adversário. Pelo estado de embriaguez, Felipe esquivou-se fácil e Valdomiro foi estatelar-se no chão. Entretanto, caiu sobre a própria arma improvisada, ferindo-se. Ao ver o sangue em suas mãos, desesperou-se, achando que ia morrer.

Nesse ínterim, chamado por Gertrudes, o Sr. Camargo chegou ao local. Ao presenciar o acontecido, surpreendentemente calmo ordenou a um dos empregados:

— Peguem a chave do carro e levem Valdomiro ao Pronto-Socorro. Não é nada grave, foi um ferimento superficial, mas pode ter atingido algum vaso e por esta razão está sangrando tanto.

Levaram o rapaz, que chorava qual criança desconsolada, enquanto o Sr. Camargo se voltava para Felipe e Antonina:

— Então, rapaz, eu que insisti tanto para que ficasse, acaba provocando este problema com meu filho? Pode me contar o que aconteceu?

Felipe contou sua história com Antonina e o inesperado encontro; que ficara totalmente sem ação e que saíra para tomar ar, mas que tomara a decisão: se havia reencontrado sua amada naquela circunstância, significava que não deveria deixá-la escapar novamente, e por esta razão se dirigira ao quarto onde estava sendo cuidada. Lá chegando, encontrara Valdomiro alterado, e fora agredido de forma injusta, pois desconhecia o que se passara entre Antonina e o rapaz.

O Sr. Camargo era um homem equilibrado e justo. Gostara de Felipe e confiava em sua versão dos fatos. Sabia que o filho era realmente muito complicado e culpava-se por isto, pois a mãe sempre o mimara demais, satisfazendo todas suas exigências e caprichos, enquanto ele se dedicava demais à empresa, percebendo que o filho crescera e já não mais tinha controle sobre o mesmo. Amava-o, mas reconhecia que Valdomiro era uma pessoa de difícil trato. Na usina, os empregados passavam maus bocados em suas mãos. Questionou Antonina:

— E o que você me diz de tudo isto, Antonina?

— Perdoe-me, Sr. Camargo, mas há algum tempo seu filho vive me importunando. Hoje ele enfiou na cabeça que eu deveria passar a noite com ele, pois, caso contrário, eu seria despedida por Dona Amália!

— Meu Deus, não acredito que isto esteja acontecendo em minha casa! Fique tranqüila, minha filha. Você irá trabalhar nesta casa o tempo que desejar. Ninguém irá despedi-la, a não ser que haja motivo justo. E isto não está acontecendo. Valdomiro irá receber uns bons puxões de orelha, que faz tempo está merecendo. Agora me dão licença. Tenho muitos convidados para atender. Acho que vocês devem ter muito o que conversar, não é, meu rapaz?

Dizendo isto, o Sr. Camargo deu um tapa nas costas de Felipe, retirou-se, fechando discretamente a porta do quarto. Dona Gertrudes acompanhou a distância com um sorriso de satisfação. O Sr. Camargo era um homem bom e honrado, pensou.

Já havia transcorrido mais de três meses do desencarne de Thiago e Dr. Gustavo, aos poucos, reencontrava a alegria de viver. Passara a freqüentar o Centro ao qual pertencia o Grupo de Jovens pelo qual Paulo era responsável. Embora mantivesse as lembranças em forma de sonhos resultantes dos encontros com o filho na espiritualidade, na realidade, o reconforto espiritual se fazia sentir no inconsciente, refletindo na conformação que o médico sentia. Aos poucos retornou ao consultório, e com a compreensão dos amigos buscou no trabalho o lenitivo para sua alma sofrida.

Quando chegava em casa e Fabíola o abraçava carinhosamente, o médico se comovia. Abraçava Luciana, reconhecendo que Thiago se fora, mas ainda lhe restava uma filha, que era uma bênção de Deus e motivo de sua razão para continuar vivendo. Chorava emocionado abraçado à filha, descobrindo novamente que a vida valia a pena.

Assistia regularmente as palestras no Centro, ouvindo atentamente o Evangelho. Se antigamente seu coração era endurecido na fé, agora, mostrava-se transformado, percebendo que na fé raciocinada do Espiritismo alcançava grande conforto para seu coração. Encontrava nos livros da doutrina que adotara explicações para muitas indagações, antes sem resposta. Entretanto, apresentava-se particularmente agradecido ao Grupo de Jovens. Para surpresa da maioria dos freqüentadores, passou juntamente com Luciana a participar do Grupo, em suas andanças pelas ruas, socorrendo os mais necessitados. Sem nenhum constrangimento, uma vez que fora aceito com alegria e naturalidade, participava ativamente da Campanha do Quilo, pedindo de casa em casa. Paulo procurava sempre encorajá-lo:

— Parabéns, Dr. Gustavo, sua presença entre nós transmite mais responsabilidade a todos. Acredite, o senhor nos estimula pela boa vontade e entusiasmo.

Às vezes, o médico sentia-se meio constrangido no meio dos jovens.

— Olhe, Paulo – retrucava –, tenho muita satisfação em acompanhá-los. Às vezes sinto que meu filho está comigo, quando estamos socorrendo algum necessitado. Talvez isto seja apenas uma fuga à qual me apeguei para continuar a ter forças para viver, mas a verdade é que minha presença destoa de vocês todos. Já sou meio passado para tudo isto.

— Não diga uma coisa destas, doutor. A idade do espírito não se conta em anos terrenos e somos jovens quando temos ideais. O senhor é um homem de ideais. Ouvi em algum lugar um pensamento que achei muito interessante e que dizia o seguinte: *"O homem envelhece quando deixa de sonhar, e morre quando deixa de aprender"*. Então, se ainda sonhamos, somos jovens, e, se ainda aprendemos algo nas lições da vida, significa que ainda estamos vivos. Então vamos sonhar com os pés no chão e viver com alegria os dias que Deus nos dá por acréscimo de misericórdia.

O médico sorriu diante da ponderação judiciosa de Paulo.

— Concordo com você, meu amigo. Quantos existem que estão mortos em vida, pois não possuem ideais, não sonham e renunciam aos aprendizados mais importantes que a vida nos oferece. Eu mesmo era um deles. Hoje posso dizer que consegui uma graça de Deus, e vocês foram os emissários do Senhor para que eu retornasse à vida.

Luciana, radiante, acompanhava orgulhosa o pai em todas as atividades. A filha de Gustavo possuía além da simplicidade e da beleza de alma uma aparência física muito bela, de forma que, aos poucos, Paulo estava apaixonado pela garota. Embora contasse apenas com dezessete anos, Luciana era moça formada e não lhe passara despercebido o interesse do rapaz. No fundo, sentia-se também atraída e isto a deixava feliz. Aguardava ansiosamente os dias de ir ao Centro, na esperança de que seus olhares se cruzassem e, quando isto acontecia, sentia seu rosto queimar, ruborizava-se e não conseguia suster o olhar, baixando os olhos envergonhada.

Este acontecimento não passara despercebido de Fabíola, que respeitava a privacidade da filha. Aguardava o momento certo para aconselhá-la e no íntimo regozijava para que tudo pudesse correr bem, pois sentia muita afeição por Paulo. Tinha certeza de que, se acontecesse o que ela desejava, seria um acontecimento muito feliz para Gustavo; sem nenhuma sombra de dúvida, o rapaz iria preencher no coração do pai a enorme lacuna deixada por Thiago!

A mãe de Luciana orava e vibrava pedindo a Deus que acontecesse o melhor. Seria realmente um acontecimento muito feliz, pois sentia que Paulo era uma pessoa muito especial.

Candidato a discípulo

Eu ainda me encontrava muito impressionado com tudo que pudera presenciar no Portal do Abismo. Embora estivesse muito bem preparado, e, após nosso retorno, o Assistente Valérius providencialmente tivesse me aplicado radiações com energias balsamizantes, ainda me encontrava abalado.

Em minha última existência, eu professara a religião católica, que nos transmitia a idéia da existência do paraíso, para onde iam os escolhidos, os bons e os justos. Tinha a imagem mental do purgatório, para onde estavam destinados aqueles que não tinham sido bons suficientemente para merecer o céu e nem tão maus para serem lançados ao fogo do inferno para sempre. Dessa forma, o purgatório seria aquela região intermediária, em que durante algum tempo as almas purgavam suas mazelas até que, por arrependimento sincero, poderiam galgar o paraíso.

Tudo isto eu compreendia por analogia, com diferenças enormes, pois a Doutrina de Kardec, da qual eu pude tomar conhecimento apenas na espiritualidade, me esclarecia que nem existia aquele paraiso de eterna ociosidade, nem o inferno em que os maus ardem nas chamas eternas, sem esperança nem perdão. Tudo na vida evolui, tanto na matéria quanto na erraticidade, porque tudo obedece a desígnios superiores de

Deus, cuja magnitude ainda estamos longe de compreender. Mas eu não conseguia esquecer que, se algum lugar se assemelhava ao inferno, certamente aquele era o Portal.

Todas estas questões me inquietavam, de forma que, quando me encontrei com o Assistente na Mansão dos Jovens, minha mente fervilhava de tantas perguntas sem respostas.

Valérius tão logo me viu sorriu com bondade e compreensão típica do mestre que, pacientemente, sabe que apenas o tempo se encarrega de trazer o conhecimento e a sabedoria ao discípulo impaciente do saber. Envolveu-me num afetuoso abraço, convidando-me para um pequeno passeio até o jardim do Recanto de Paz.

As vibrações elevadas que emanavam do Recanto fizeram-me efeito salutar e imediato. Diante das flores, das águas que pareciam cantar, da beleza dos pássaros de plumagem ímpar, senti-me refeito.

— Veja ao seu redor, Irmão Virgílio! Deus, a força suprema que rege o universo em perfeita harmonia, está presente e se manifesta em tudo! Desde o ínfimo verme no seio da terra, até a formosa flor que desabrocha no pântano. Desde o gracioso colibri que busca no néctar das flores seu alimento, até o feioso batráquio que coaxa feliz nos charcos nauseabundos. Desde a gaivota que se liberta em vôos de encontro à luz do sol, às cobras que rastejam nas areias escaldantes do deserto. O Criador está presente na chuva que cai e fertiliza o solo, na planta que germina no seio da terra, no grão de trigo que se transforma em alimento, no sol que brilha sobre justos e injustos, e nas noites escuras em que o brilho das estrelas nos acena nas cintilações eternas, ou nas noites em que os raios prateados da lua nos encantam os sentidos e enchem de esperança os corações românticos daqueles que amam. Concede-nos em sua sabedoria um corpo perfeito e nos dá a saúde que não tem preço, enquanto nós nos destruímos pelo vício das drogas, da bebida ou do fumo. Criamos diante da infinita bondade do Pai um inferno particular em nossas vidas em vez de sermos felizes. O Senhor é presença constante em tudo, e suas leis de sabedoria e harmonia regem todo espaço cósmico, que nosso entendimento ainda não alcança! Na obra do Pai tudo é bondade, tudo é sabedoria, tudo é harmonia! Vejamos nosso planeta que gira em torno do sol em perfeito equilíbrio, de forma que nem se perde no espaço e nem se projeta contra o sol pela força de sua gravidade! A lua, nosso solitário satélite, nos acompanha no rodopio incessante em torno do astro rei, de forma tal que não se desprende da Terra e nem se projeta contra pela força gravitacional. Assim caminham os planetas, todos em perfeito equilíbrio, em harmonia. Assim são as estrelas e as galáxias, cada qual em seu giro pelo infinito, obedecendo a leis maiores que regem a harmonia eterna do Criador. Se existe inferno? Não, meu querido Virgílio. O inferno quem cria somos nós mesmos, pois um espírito de luz pode estar na região do maior sofrimento e em seu coração reinar a paz de Deus. O inferno como o queiramos entender está em nossas mentes, em nossos corações, e, infelizmente, quantas criaturas cultivam este inferno dentro de si mesmas por opção própria.

O Assistente estabeleceu uma pausa natural para que eu pudesse assimilar os elevados conceitos transmitidos. Continuamos nossa caminhada. Uma fresca brisa soprava sobre nossos rostos, insuflando meu peito de alegria. Sim, sentia que a vida era alegria emanada da bondade de Deus, que não desampara nenhum de seus filhos! Valérius sorriu com benevolência:

— Sim, Virgílio. Deus não criou a dor nem a punição impiedosa. Criou-nos todos simples e ignorantes, para que com nosso esforço pudéssemos galgar gradualmente os degraus evolutivos. Conquistamos o livre-arbítrio, que nos trouxe em seu arcabouço a responsabilidade pelos nossos atos e a consciência do discernimento entre o certo e o errado. Pelo livre-arbítrio, passamos a ter o direito e a livre escolha entre trilhar o bom caminho ou nos entregarmos nos caminhos que levam ao abismo sem fim! Você sentiu piedade daqueles que lá sofrem as conseqüências de suas loucuras e isto é natural, pois somos sensíveis à dor alheia. Entretanto, não podemos nos esquecer que aqueles nossos irmãos tiveram oportunidade de construir, mas apenas destruíram. Tiveram a chance bendita de amar, mas odiaram. Trilharam caminhos que levavam à vida e à alegria, mas provocaram a morte e a dor em suas trilhas de sangue. Foram portadores dos talentos da inteligência para fazer um mundo melhor, mas semearam o terror, a dor e a escuridão por onde passaram. Quando poderiam ter acendido o lume para iluminar, acenderam o fogo da destruição, não mataram apenas vidas e esperanças, mataram também a alegria nos corações daqueles que lhes requisitavam amor e tolerância. Tiveram poder e oportunidades maravilhosas, mas no uso do livre-arbítrio trilharam o caminho que os levou aos despenhadeiros! Todos nós sabemos que, se temos o livre-arbítrio, sabemos também que responderemos pelo uso que dele fizermos. Caso contrário, seremos tolhidos em reencarnações compulsórias após o sofrimento depurativo que a alma necessita para valorizar seu aprendizado. O espírito é eterno e o que representam os séculos para o Senhor dos Tempos? Eles também terão seu dia de redenção e, sob a tutela de Cristo, missionários abnegados acompanham aqueles que oferecem as condições mínimas para serem resgatados. Entretanto, não nos esqueçamos daqueles que estagiam nas noites dos séculos, assumindo a posição de donos da verdade, acreditando serem eles instrumentos da justiça do poder supremo! O dia de cada um também chegará, e a cada um está reservado seu cálice, que deve sorver até a última gota de amargura!

Naquela tarde o Assistente Valérius convidou-me para que o acompanhasse até o Centro onde o Grupo de Jovens, liderado por Paulo, estava preparando novo atendimento às famílias necessitadas.

Quando chegamos, Carlinhos nos recebeu com alegria contagiante e tinha motivos para tanto. O seu grupo de jovens desenvolvia trabalho fraterno que se estendia cada vez mais, produzindo frutos sazonados. As atividades se expandiam de forma ordeira, sendo ponto de referência em termos de trabalho assistencial na casa. Além do mais, Carlinhos estava particularmente feliz pela recuperação do Dr. Gustavo, que se engajara de forma admirável nos trabalhos cristãos, demonstrando que encontrara finalmente alegria e vontade de viver. Em todas as tarefas que assumia, o médico transmitia satisfação e boa vontade. Sim, considerava o mentor dos jovens, a evolução do caso do Dr. Gustavo fora uma grande vitória do trabalho despretensioso em nome de Jesus.

— Estejam à vontade, amigos –, convidou-nos o anfitrião. A casa é de Jesus e de todos nós. Se precisarem de algo – disse dirigindo-se particularmente a mim –, disponham.

Agradecemos ao generoso amigo. Atendendo à sugestão de Valérius, aproximei-me para observar melhor nosso protegido, o Dr. Gustavo. Observei que sua aura se havia modificado radicalmente, desde quando o auscultara no hospital. Uma tênue luz clara se irradiava e se expandia a uma altura em torno de 1,5 centímetro do corpo somático. Entretanto, quando me detive ao exame mais acurado do córtex cerebral, notei que ainda havia resíduos opressivos das drogas que se mantinham impregnadas no hipotálamo e na hipófise, inibindo em parte a região do raciocínio lógico. A região do bulbo e todo sistema nervoso ainda conservavam vestígios, de forma que o médico continuava experimentando sensações de tremores e perda parcial e temporária de sensibilidade nas extremidades dos membros superiores e inferiores. Notei que, embora a evolução tivesse surpreendido a todos, particularmente os colegas acadêmicos, as seqüelas permaneciam presentes em sua organização física e espiritual. Ante meu questionamento, o Assistente me esclareceu:

— O que está observando, Virgílio, nada mais é que o resultado da ação devastadora das drogas que foram ministradas durante o tratamento. Veja que, embora possamos considerar que o período em que o Dr. Gustavo esteve exposto às altas doses de barbitúricos e outras drogas poderosas foi curto, o resultado é o que podemos constatar. Se o tratamento se prolongasse um pouco mais, possivelmente alguns órgãos teriam dificuldade em se regenerar. Felizmente, com a graça de Deus, pudemos libertá-lo antes de mal maior e, neste período, tem recebido passes magnéticos, que aos poucos recompõem sua aura perispiritual; ao mesmo tempo, as energias dos passes ativam seus centros de forças, permitindo que o próprio organismo crie defesas e se auto regenere. Daqui a alguns meses, nosso irmão deverá estar completamente restabelecido.

Eu havia entendido a explanação de Valérius. Pudera verificar com meus próprios olhos os estragos que as drogas produziam em um corpo saudável. Por dedução, imaginava que efeito igualmente devastador ocorria nas organizações físicas dos jovens, que na dependência não mais conseguem se libertar e entregam-se indefesos à própria destruição do corpo físico e perispiritual. Todavia, ainda uma dúvida me assaltava a mente: que aqueles que se entregam à auto destruição dos vícios e sofram as conseqüências da ação de seu livre-arbítrio eu podia compreender, mas como explicar o caso do Dr. Gustavo? Ele não havia procurado as drogas por vontade própria. Sofrera os dissabores de um tratamento equivocado que quase o levara à loucura ou quiçá ao desencarne. Como poderia haver justiça, considerando que independera da vontade do médico?

Valérius sorriu-me benevolente. Convidou-me a acompanhar a prece de encerramento das atividades daquele dia do Grupo de Jovens. Depois, dar-me-ia as explicações necessárias.

A reunião chegara ao fim. O grupo se reuniu em prece e pude então observar que, do alto, formava-se uma cúpula luminosa que jorrava luzes em profusão. Enquanto um dos integrantes dos jovens proferia sentida prece, notei que um espírito portador de gracioso halo luminoso adentrava o recinto: reconheci-o de imediato. Era Thiago, apresentando-se como criança como fora em sua última existência. Estava acompanhado do Dr. Eleutério, que o assistia. Enquanto a prece transcorria em eflúvios de paz e harmonia, Thiago envolveu o pai em amoroso abraço, osculando sua fronte vincada pelas rugas de sofrimento. Gustavo foi tomado de profunda emoção, sentindo que seu filho querido estava ao seu lado. Grossas lágrimas desceram pelo rosto do amoroso pai, que soluçava num misto de alegria, agradecimento e contentamento.

O quadro era comovente e, quando a prece foi concluída, todos nos quedamos respeitosos à demonstração de amor filial e paternal. Thiago era para nós alguém muito querido e especial. Também nos havíamos afeiçoado ao seu pai, que demonstrava aos nossos olhos ser uma criatura de grande valor espiritual. Que laços uniam aqueles espíritos, em sua trajetória evolutiva?

Despedimo-nos de todos e nos retiramos. Juntamente com Valérius, seguimos para a Mansão dos Jovens, enquanto o sol se deitava no horizonte terreno e as primeiras faíscas provenientes das constelações deleitavam nossa vista, juntamente com o manto negro da noite que cobria o orbe terreno.

Embora estivesse ansioso por ouvir as explanações do Assistente, aguardei pacientemente que ele ultimasse providências junto à equipe médica e aos enfermeiros que cuidavam da Ala dos Recuperados. Por fim, Valérius chamou-me para sua sala, onde raramente o generoso amigo permanecia, por estar em serviço constante.

Era uma sala singela emoldurada com um quadro de Jesus na parede lateral. Observei atentamente a fisionomia do Divino Amigo. O Mestre transmitia um olhar de muita tristeza, com tal realismo, que me parecia ter vida, tal a fidelidade com que fora retratado. Já vira aquele quadro anteriormente no mundo físico, sendo que o Assistente me esclareceu que, de um modo geral, os originais encontram-se na espiritualidade. Na verdade, em muitas pinturas, a inspiração do artista ocorre no período de desprendimento do corpo físico pelo sono, quando visitam as esferas da espiritualidade superior, onde vêem os quadros que impressionam seus sentidos, de tal forma que depois os reproduzem nos momentos de vigília.

Enquanto eu admirava a pintura e meu pensamento viajava nas elucubrações mentais, o Assistente fazia suas anotações em grande livro que estava sobre a mesa. Imaginei a grande responsabilidade que pesava nos ombros de Valérius. Dirigir e cuidar de uma instituição daquela dimensão não era tarefa fácil. Observava sua fisionomia de jovem, mas em nosso convívio diário sabia da grandeza espiritual do amigo, apesar de sua simplicidade. Valérius, como característica dos espíritos evoluídos, era extremamente acessível, benevolente, tolerante, amoroso sem afetação, e sábio sem ostentação. Sua aparência jovem era apenas o retrato do que estava dentro de seu grande coração, de discípulo dedicado na Seara do Cristo. Quando manifestei interesse de maiores informações sobre sua tarefa, o querido amigo sutilmente se esquivou. Entretanto, soube por intermédio de amigos da colônia e de informações isentas e confiáveis que o querido amigo estava à frente da Mansão dos Jovens há mais de cinco lustros, sem nunca se ter ausentado para merecido descanso. Era um trabalhador abnegado e não media esforços no sentido de resgatar, dos pântanos das drogas, jovens que se perderam no vício irrecuperável. Acumulava intensa folha de créditos pelos serviços em favor dos necessitados, mas continuava em frente como se estivesse começando a tarefa naquele momento. Observava que era querido e admirado por todos, mas extremamente discreto, fazia questão de que as manifestações de carinho fossem endereçadas a Jesus. Dizia: Apenas o Mestre foi merecedor de nosso amor, porque acreditou na humanidade inteira. Apesar de conhecer todas as nossas falhas morais, amou-nos e entregou Sua vida para nos resgatar, deixou-nos a mensagem da Boa Nova e exemplificou cada ensinamento com atitudes e ações de amor e carinho! Ele foi o Divino Amigo a quem devemos estender nossa gratidão, pois nós outros ainda estamos tão distantes...

Eu sorria intimamente, agradecendo a Deus pela oportunidade que tivera de conhecer e aprender muito com espíritos da envergadura de Valérius, Demétrius, Irmão Aurélio, Petrônio e tantos outros. A Doutrina de Kardec nos esclarece que na criação de Deus não existe privilégio, mas eu me permitia considerar-me um privilegiado, pois o aprendizado com irmãos tão queridos realmente era um privilégio. Enquanto aguardava a palavra esclarecedora do querido Assistente, recordei mais uma vez que o Evangelho nos diz com sabedoria: Muito será pedido a quem muito foi dado. Eu estava recebendo muito, portanto, junto com o aprendizado, teria também que me preparar para contribuir com minha parcela na grande Seara de Jesus. Em meu pensamento pontifiquei com uma oração de gratidão imensa: Sim, Mestre querido, espero servi-Lo cada vez mais, com alegria no coração. Faça-me, Senhor, apesar de imperfeito seu discípulo, embora não seja digno, Senhor, sequer de pronunciar Seu Santo Nome e nem de tirar o pó de Suas sandálias. Faça de mim um instrumento de Sua paz, como disse um dia o Pobrezinho de Assis!

Tão envolvido em meus próprios pensamentos, não percebi que o Assistente já havia concluído suas anotações e sorria-me de forma carinhosa, qual irmão mais velho que estende as mãos ao mais novo, que necessita de abrigo e compreensão.

— Sim, Virgílio – disse completando meus pensamentos –, terá a oportunidade de servir ao Mestre Querido, assim como toda criatura humana que é portadora da boa vontade de servir, em vez de ser servido, como nos ensinou o Cristo Jesus! Qualquer um de nós pode ser candidato a Aprendiz do Evangelho.

Sorri agradecido, pois Valérius entendera meu pensamento.

UM NOVO AMANHECER

Era um domingo já à tardinha em que o sol com seus raios rubros coloria o horizonte, despedindo-se de forma tristonha do dia que se findava. O motor possante do carro devorava os quilômetros da Via Anhangüera, que se estendia a perder de vista por colinas verdejantes da planície interiorana. Felipe tinha pressa em chegar; seu coração, qual pássaro cativo que escapara da prisão e liberto, ansiava por espaço para cantar a alegria incontida em seu peito!

Cantava feliz por todo o trajeto. Finalmente por vontade do destino havia reencontrado a eleita de seu coração. Havia telefonado à sua mãe, contando o feliz acontecimento, mas tinha pressa em chegar, pois queria partilhar sua felicidade com seus pais. Sempre soubera que tanto um como outro torciam para que ele pudesse encontrar aquela que o fizesse feliz, e sabiam também que este alguém não poderia ser outra pessoa que não Antonina.

Grande número de projetos fervilhavam em sua cabeça e queria ouvir os conselhos do pai e a ponderação da mãe, pois após aquela noite em que o Sr. Camargo o havia deixado a sós com Antonina, muitas idéias lhe passavam pela cabeça. Enquanto o potente motor impulsionava o carro para frente à grande velocidade, seu pensamento voava para trás, buscando sua amada, recordando cada momento de felicidade: assim que ficara a sós, seu primeiro impulso foi tomá-la nos braços e beijá-la com a sofreguidão de um sedento que encontra a fonte pura de água cristalina. Abraçados, choraram emocionados pela alegria que se rompia peito a fora, como água represada cujas comportas não mais conseguem reprimir a força e explodem num misto de alegria e felicidade. Não cansavam de se beijar e trocar as carícias espontâneas e sinceras de dois corações apaixonados. Conversaram por longo tempo até observarem que a madrugada já ia avançada. A festa havia terminado e o Sr. Camargo o chamou para uma conversa particular:

— Felipe, queira desculpar meu tresloucado filho! Lamentavelmente eu também me sinto culpado por ter me mantido tão afastado de sua educação, mas não posso concordar com o que estava acontecendo nesta casa.

O rapaz percebeu que o Sr. Camargo estava constrangido com o acontecido.

— Ora, Sr. Camargo, se alguém aqui tem que pedir desculpas, sou eu. O senhor foi muito correto e até duro com seu filho. Não se preocupe, não, pois ele não estava no domínio de suas faculdades. Eu o compreendo e não estou chateado com isto, não, imagine.

O Sr. Camargo abraçou-o afetuosamente, enquanto considerava:

— Meu rapaz, além do grande profissional que demonstrou ser, possui também uma educação que sinceramente gostaria que meu filho tivesse. Eu gostaria de dizer-lhe que fique tranqüilo, pois tomei conhecimento de tudo que estava acontecendo com Antonina. Ela poderá trabalhar aqui o tempo que quiser, pois Valdomiro não irá mais molestá-la, dou-lhe minha palavra. E tem mais: neste momento estou fazendo-lhe outro convite: gostaria que trabalhasse comigo, pois como já disse, é difícil encontrar um profissional de seu quilate, com os valores morais que possui.

Felipe foi apanhado de surpresa. Sr. Camargo deu-lhe um tapa carinhoso nas costas, enquanto concluía:

— Pense bem, meu rapaz! Garanto que não se arrependerá em termos de remuneração. Dê-me uma resposta até o final da semana que vem!

O rapaz não conseguia se conter de tanta felicidade. Recordou que a noite já ia avançada, quando Antonina foi liberada de suas obrigações. Levou-a juntamente com Ismael, que dormia o sono dos justos, para a casinha simples que pertencera a Dona Filomena. Ambos estavam cansados. O desejo de Felipe seria passar a noite com sua amada, mas seus sentimentos eram sagrados e sublimes, para estragar tudo com algo que apenas no momento certo deveria acontecer. Estreitou-a mais uma vez em seus braços, selando promessas de venturas com um beijo apaixonado, que os conduziu a épocas remotas, cujas barreiras apenas os espíritos que se amam de verdade conseguem vencer. O amor era o corolário daquelas duas almas que souberam superar o tempo e o espaço para se reencontrarem novamente, emergindo de um passado longínquo, que os séculos não conseguiram apagar...

O carro voava. Já se encontrava nas imediações de São Paulo e seu coração não cabia em seu peito de alegria. Venturoso, lembrava-se que havia acordado naquele domingo bem cedinho. Fechou a conta no hotel e dirigiu-se imediatamente para a casa de Antonina, encontrando-a já levantada. Felipe não conseguia conter sua emoção, olhando-a e admirando além da beleza natural da moça a sua simplicidade, que o cativara desde o primeiro encontro. Antonina era bela e seus olhos verdes pareciam conter os mistérios do mar profundo. Felipe queria dizer-lhe tantas coisas, falar de sua felicidade, de seus planos, do futuro radioso que os esperava, mas sentia-se meio apalermado e atordoado com os acontecimentos; ainda custava a crer que realmente estivesse diante de sua amada. A casinha de Dona Filomena era pequenina e simples, mas naquele instante, para aqueles corações apaixonados, o mais requintado palácio não seria local mais belo para conter tanta radiação de felicidade.

— Antonina, meu amor, se nos encontramos novamente, significa que alguém lá em cima quer nos unir! E, desta vez, não a deixarei escapar.

A moça sorria acanhada, mas encorajada pela demonstração de sinceridade do rapaz correspondia plenamente aos arroubos de alegria de Felipe.

— Ah! Felipe, não imagina quantas noites sonhei com você, imaginando que jamais o veria novamente! Esta noite, depois que me deixou, não consegui conciliar o sono, de tanta felicidade que sinto invadir meu coração. Temo ainda estar sonhando e acordar como das outras vezes, sozinha com meus problemas e pesadelos!

Antonina recostou sua cabeça no peito de Felipe, como que buscando proteção do ser amado! Sentia seu coração pulsando dentro do peito e seus olhos encheram-se de lágrimas pela emoção represada há tantos anos. Felipe tomou seu rosto com as mãos, enxugou suas lágrimas e depositou um beijo carinhoso e sincero em seus lábios, numa promessa do amor que tudo soube vencer para que pudessem viver a ventura de amar sem culpa nem preconceito! Felipe fazia planos:

— Ah! Antonina, custa-me deixá-la aqui, mas garanto-lhe que será por pouco tempo. Retorno a São Paulo; já telefonei para mamãe. Quero que eles me orientem no que é melhor para nós. Já que tenho a proposta do Sr. Camargo, poderemos nos casar o mais breve possível. Eu poderia comprar uma casa nesta cidade. Gostei muito dela; foi aqui que eu a reencontrei.

— Felipe querido – retrucava a moça com ponderação –, vamos com calma. Esperamos tanto, esperemos um pouco mais! Vamos ouvir a voz da razão. Sem dúvida seus pais poderão nos orientar no que for melhor para todos. Com você, qualquer lugar para mim será o paraíso! Só não queria mais me separar de você, Felipe!

Duas grossas lágrimas desceram pelo rosto de Antonina, como duas pérolas a lhe emoldurarem o rosto angelical.

— Antonina, minha querida Antonina, agora que a reencontrei, jamais escapará de mim novamente! Esta foi uma promessa que fiz para mim mesmo. Ninguém irá nos impedir de encontrar a felicidade que nos espera.

Enquanto isto, Ismael acordou chorando e Antonina foi buscá-lo, retornando com o filho nos braços. Felipe abraçou-os comovido, como que oferecendo seu amor incondicional àquelas criaturas eleitas de seu coração.

Chegando em casa, os pais o aguardavam impacientes. Já sabiam das novidades e Dona Celina ansiava por conhecê-las. Mal o filho estacionou o carro, a amorosa mãe correu para abraçá-lo, feliz, pela alegria que via estampada no rosto de Felipe, que parecia ter retornado à adolescência.

— Meu querido! Meu Deus, conte-me todos os pormenores. Como encontrou Antonina? Como está Ismael? Conte-me como tudo isto aconteceu, pois estou curiosa.

O pai de Felipe também sentia-se feliz. Na verdade percebera que o filho se tornara muito triste e, mesmo após o tempo em que passara no exterior, nunca mais voltara a ter a alegria de sempre. Agora notava o ar de felicidade que pairava em seu semblante e reconhecia que seu filho era o mesmo de antes. A razão era apenas uma: havia reencontrado a felicidade.

Entraram e, enquanto dona Celina preparava um gostoso cafezinho, Felipe contou-lhes tudo o que ocorreu em sua viagem, com todos os detalhes, que a mãe insistia em perguntar de forma incansável! Quando comentou o convite do Sr. Camargo, uma sombra de tristeza pairou nos olhos de Dona Celina e do Sr. Arthur.

— Ah! Meu filho, você bem que poderia se casar com Antonina e morar perto da gente! Seríamos uma família feliz – comentou preocupada.

— É verdade, filho – concordou o Sr. Arthur. – Já estamos velhos e gostaríamos de tê-los junto da gente, ter a satisfação de estar sempre vendo nossos netos por perto.

O rapaz apenas ouvia. Era verdade, ele também gostaria de ficar próximo dos pais, mesmo porque tinha grande futuro na empresa onde trabalhava, mas a oferta do Sr. Camargo o seduzira. Precisava pensar com calma.

No dia seguinte, resolveu abrir seu coração com o gerente de sua área, que ficou extremamente satisfeito com a ponderação e a sinceridade do rapaz.

— Sr. José Carlos, tenho certeza de que poderei progredir muito aqui na Organização, mas confesso-lhe que a proposta do Sr. Camargo me é tentadora.

— Meu rapaz – retrucou em tom amigável e paternal o gerente –, é comum profissionais do seu nível serem convidados pelos nossos clientes a fazerem parte de suas equipes. Para nós é motivo de satisfação, pois demonstra que temos equipe de alto nível, bem como o cliente se manterá satisfeito e fiel aos nossos serviços. Entretanto, vamos almoçar juntos hoje. Conversaremos com calma; sei que aqui você poderá ter também um futuro brilhante.

Felipe estava satisfeito: o gerente havia demonstrado cordialidade e que se interessava por seu futuro. Convidá-lo para almoçarem juntos era o bom sinal de que poderia contar com seu apoio. Ao meio dia, dirigiram-se a sofisticado restaurante da Avenida Paulista, onde se acomodaram. Escolheram o menu e, enquanto aguardavam que o garçom servisse, José Carlos puxou assunto:

— Veja, Felipe, você é um profissional ainda em ascensão. Ainda está em nível de Assistente e fatalmente, em pouco tempo, chegará a Senior, a Pleno, e com certeza atingirá o nível de gerente. É questão de tempo. Em termos financeiros, a proposta de nosso cliente pode ser mais interessante no momento, mas, creia, pense em termos de crescimento profissional. A Empresa tem investido muito em você e continuará a investir. Temos uma formidável estrutura de suporte e verá que, quando o profissional tem futuro, não existem limites para ele.

O rapaz ouvia atentamente. Parecia-lhe que José Carlos tinha razão. Não podia pensar de forma imediatista. Seu futuro era o mais importante e tinha que reconhecer que sua Empresa realmente oferecia condições excepcionais de crescimento. E a experiência que estava adquirindo? Na verdade, tinha que pensar em tudo aquilo, como um investimento em sua carreira profissional.

— Gostaria que você pensasse com muita calma – continuava o gerente –, pois aqui o trabalho tem sido muito duro e às vezes até estressante, mas garanto-lhe que vale a pena. A Organização reconhece os profissionais de valor. Entretanto, apenas estou dando minha opinião sincera – completou. – Você deve tomar sua decisão com muita isenção e com tranqüilidade. Eu posso falar por mim mesmo. Trabalho na Empresa há mais de dez anos e não posso reclamar de nada, muito pelo contrário. É importante que você esteja em uma Companhia que lhe dê condições de sempre estar em ascensão; caso contrário, em pouco tempo a sua carreira poderá estagnar.

Felipe sentiu-se satisfeito pela forma desinteressada de José Carlos aconselhar. À noite conversou mais com seus pais. Conforme haviam combinado, Antonina telefonou. Conversaram bastante e Felipe tomou a decisão que lhe pareceu mais acertada: continuaria a trabalhar na Empresa, agradeceria o convite do Sr. Camargo, e no final do mês iria buscá-la para que viesse para São Paulo. Marcariam o casamento para breve.

Antonina sentia-se feliz e parecia ter banido para sempre de sua memória as tristes lembranças do passado. Seu estado de espírito e suas vibrações eram tão positivos pela alegria que ia em sua alma, que Alcebíades e Libório não mais conseguiam acesso à sua mente, de forma que os pesadelos também cessaram. Antonina experimentava o alvorecer de um novo dia, espantando para sempre as sombras que a perseguiam. Uma nova luz brilhava em sua vida. Um novo alvorecer de alegria e felicidade merecida a aguardava. Em preces sinceras de agradecimento, a moça elevava sua rogativa a Deus, pedindo que tudo pudesse transcorrer de acordo com a vontade do Pai que está nos Céus.

O IMPÉRIO DE CÉSAR

Estávamos Valérius e eu em sua sala e confesso que eu ansiava por ouvir as elucidações do Assistente a respeito da situação do Dr. Gustavo. Se o organismo físico e perispiritual sofrera danos, fruto de um tratamento a que fora submetido no período em que estivera internado no Hospital Psiquiátrico, embora pudessem se recompor, não havia neste fato uma injustiça? Diferente é a condição daquele que auto-inocula a droga que destrói e mata. O Dr. Gustavo não era um dependente químico e nem tomara as drogas por vontade própria. Então como explicar semelhante acontecimento?

O Assistente com seu olhar de bondade simplesmente sorriu compreensivamente ante meu questionamento, que eu nem chegara a formular, mas que ele já esperava.

— Acontece, Irmão Virgílio, que o Livro dos Espíritos nos esclarece sobejamente a respeito das causas de nossas aflições, pois, quando a origem não está nesta vida, nós a encontraremos em vidas passadas. Não foi diferente com nosso querido Gustavo. Para melhor entendimento do que ocorre nesta existência, necessário se faz que recuemos no tempo e possamos retornar a eras mortas, que o tempo se encarregou de deixar para trás, mas nós, que vivenciamos aqueles dias, trazemos conosco os resquícios das causas que marcaram indelevelmente nosso corpo perispiritual.

Era o ano de 64 da Era Cristã. Roma vivia o apogeu de suas conquistas sangrentas, tendo sob seu comando o Imperador Nero[9] que se auto-intitulava o "divino". A grande babilônia imperial estendia seus tentáculos por quase todo mundo conhecido, mantendo os povos cativos sob a guante do poderoso exército romano, cujos povos conquistados pagavam altos tributos a César, custeando desta forma a riqueza e a opulência dos desmandos do "divino augusto".

O Cristianismo nascente, apesar das perseguições e das incompreensões, crescia cada vez mais, pois levava a mensagem consoladora da Boa Nova aos sofridos, aos deserdados da sorte, aos tristes e aos aflitos. Roma era então a capital do império pagão, mas representava também o centro do poder financeiro e político da época, de forma que o apóstolo Pedro desenvolvia grande trabalho de evangelização àqueles corações sequiosos das notícias do Cristo e, apesar do medo e do perigo que pairava no ar, o número de fiéis aumentava a olhos vistos. Entretanto, nuvens negras pairavam no horizonte para os seguidores do Nazareno e as apreensões se tornavam a cada dia mais latentes em cada coração. A razão é que ninguém ignorava que Nero não via com bons olhos a escalada ascendente do Cristianismo.

O Imperador governava o Império Romano através de seus instintos bestiais, e em seus acessos de loucura não titubeava em matar quem quer que fosse. A vida daqueles que viviam próximos ao poder dependia do bom ou mau humor do tirano e, dessa forma, tanto os senadores quanto os generais que o serviam viviam a cada dia sob a constante ameaça da espada sobre o pescoço.

Nero era de personalidade difícil, mas afeito a bajulações e facilmente influenciável por aqueles que inflavam seu ego. Considerava-se artista inigualável e não titubeava em decapi-

(9) Lucio Domicio Enobardo. Após ser coroado, adotou o nome de Nero Claudio César Augusto Germânico. Nota do Médium.

tar quem o contrariasse. Tigellinus era então o prefeito romano e seu homem de confiança, aquele que por Nero seria capaz de mandar à morte a própria mãe, se o Imperador assim o ordenasse.

O grande incêndio que devorou Roma ocorreu nesta época, ordenado pelo próprio Nero que, além de desejar reconstruir nova cidade, queria também ter inspiração ao ver com seus próprios olhos um grande acontecimento, e compor uma obra que ficasse imortalizada, a exemplo de Virgílio e Homero. Tigellinus não titubeou em atender à vontade do seu Imperador, mesmo que isto significasse a vida de tantos e a destruição da capital do Império mais poderoso do mundo na época.

Enquanto as labaredas impiedosas varriam tudo com sua voracidade destruidora, o próprio Nero se assustou com sua insânia. Percebera que havia ido longe demais. Os prejuízos eram incalculáveis e as mortes incontáveis. Após dias em que as labaredas crepitantes varriam tudo, deixando apenas cinzas fumegantes e cadáveres aos montes, começou a surgir uma surda revolta pela plebe que tudo havia perdido, apoiados também pelos nobres e parte do exército.

A situação começava a tomar vulto e tornava-se insustentável. O povo sabia que as ordens do incêndio haviam partido de Nero, pois muitos haviam visto soldados de Tigellinus ateando fogo em locais estratégicos. Tornava-se imperioso encontrar uma saída rápida, que pudesse conter e satisfazer a turba enlouquecida. Mais uma vez, Nero se valeu dos conselhos do prefeito romano. Tigellinus o aconselhou a dirigir-se ao povo, prometendo a reconstrução de Roma, mais moderna, mais bela; que prometesse ao povo pão e circo à vontade com espetáculos constantes e incomparáveis; que dissesse ao povo que os verdadeiros culpados do incêndio eram os cristãos, inimigos do povo romano, porque eram contra os seus deuses. Os cristãos eram aqueles que lançavam sortilégios sobre o povo romano, e eram inimigos do poder e da dominação romana.

Assim Nero procedeu. O povo delirou e o aplaudiu, pois não importava se sangue de inocentes seria derramado. O que importava eram os espetáculos que estavam por vir. Nero prometera e não iria faltar com sua promessa. Os espetáculos nas arenas deveriam ser inesquecíveis.

O horizonte de apreensões se estendeu por aqueles tristes dias. Enquanto feroz e impiedosa perseguição sob decretos imperiais partia de todas as partes, os cristãos viam-se na contingência de terem que se reunir nas velhas grutas escondidas e nas catacumbas romanas.

Aulus Cláudio era senador romano e, embora cultuasse Júpiter e os demais deuses romanos, não via com bons olhos o que Nero fazia. Ninguém ignorava os desmandos do Imperador enlouquecido, e juntamente com seus pares procuravam sempre às escondidas trocar idéias sobre as loucuras de Nero, que desta vez havia ido longe demais. Entretanto, todos tinham medo, pois qualquer traição seria pagar com a vida, se o Imperador tomasse conhecimento.

Aulus tinha alma sensível e não podia concordar com tudo que estava acontecendo. Nero encontrara uma saída que agradou em cheio o povo e Tigellinus a cada dia se fortalecia mais, influenciando-o em suas loucuras. Seu grande amigo, também senador, Lívio Tito, era seu confidente. Ambos sabiam que apenas podiam confiar um no outro, de forma que procuravam preservar a integridade de suas vidas e de suas famílias, evitando, apesar da contrariedade, fazer qualquer comentário que pudesse levá-los à desgraça junto ao Imperador.

Aulus vivia ainda outro drama. Bem casado, sua esposa Helena era filha de nobres romanos, tinha dois filhos: Cláudia, a filha mais velha que trazia consigo a beleza da flor silvestre, e Sérgio Paulo, seu filho querido, seu orgulho e sua razão de viver. Como era natural, Aulus ansiava ver o filho crescendo forte, preparando-o para a carreira política. Seu sonho era que

Sérgio Paulo pudesse no futuro fazer parte do senado e, quem sabe um dia até governar alguma província do Império Romano. Entretanto, o velho senador andava cada vez mais desencantado com a política romana e com as incertezas de cada dia ter sobre a cabeça a espada afiada do Imperador. Embora tivesse preparado a vida inteira seu filho, naquele momento não era isto que desejava. Não gostaria de vê-lo vivendo as mesmas angústias que ele, que se corrompesse naquele mar de lama, traição, interesses mesquinhos das intrigas palacianas e traições inomináveis na luta surda pelo poder. Não, decididamente não era o que desejava para seu filho.

Sérgio Paulo contava então com seus vinte e poucos anos. Rapaz forte, porte nobre e rosto talhado como um deus Apolo. Físico invejável, forjado em rígida disciplina de educação física, que moldava suas formas perfeitas e o gosto indisfarçável pelas lutas nas arenas romanas. Sérgio Paulo demonstrava a destreza e a força de um tigre, e constantemente buscava aprimorar seu adestramento junto aos gladiadores famosos da época. Todos reconheciam que o rapaz tinha um talento nato para as lutas. Era um esportista por excelência e quantas corridas de bigas disputara no Campo de Marte para orgulho do velho senador.

Aulus sonhava em ver seus filhos casados, dando-lhe netos que lhe trariam alegria no fim de seus dias. Havia adquirido bela propriedade na cidade de Pompéia, para onde desejaria se retirar em poucos anos, afastando-se de vez da política, passando o restante de seus dias admirando a natureza e as montanhas.

Enquanto os soldados comandados por Tigellinus intensificavam perseguições insidiosas, lotando as masmorras e a prisão da Marmetina de cristãos, Aulus também passou a sofrer sua via crucis: Sérgio Paulo fora acometido de desconhecida doença que minava sua saúde de forma rápida e impiedosa. Em poucos dias o rapaz não tinha mais forças para levantar-se do leito, tornando-se irreconhecível, pois perdia peso a olhos vistos. De nada adiantavam os médicos, as beberagens e os recursos disponíveis da época. Sérgio Paulo em apenas uma semana se tornara uma sombra do rapaz alegre e belo de dias antes.

O desespero bateu no coração sensível de Aulus. Pressentia que o filho não resistiria por mais tempo e que sua morte era questão de um ou dois dias mais. Sentia-se impotente e de nada adiantavam suas rogativas a Júpiter ou os incensos para os frios deuses de mármore que não lhe davam resposta. À noite não conseguia pregar os olhos, pois não sabia se ao amanhecer o dia seu filho ainda estaria vivo ou não. No auge do desespero, ouviu falar de um ancião cristão que curava doentes, que levantava os enfermos, que devolvia a esperança aos desesperados.

Apesar de seu orgulho pela condição de nobreza e de senador romano, naquele momento era a vida de seu filho que estava em jogo. Aonde fosse necessário ir, Aulus iria em busca de uma chance que devolvesse a seu filho a possibilidade de continuar vivendo. Uma velha escrava que se convertera ao cristianismo guiou o velho senador disfarçado, altas horas da noite por caminhos escuros. Tomaram a Via Ápia, chegando às grutas onde se reuniam os seguidores de Cristo. O senador ficou impressionado pela grande quantidade de pessoas que estavam reunidas naquele ambiente mal iluminado por tochas embebidas em resinas, que ardiam oferecendo débil iluminação ao local. Com o coração oprimido pela dor e desespero, observava no rosto de cada um, pessoas humildes que deixavam transparecer no olhar uma paz que ele nunca havia experimentado antes.

Aulus não fazia idéia de que tipo de reunião era aquela, mas admirava a forma dócil e a forma respeitosa e carinhosa que cada um endereçava ao seu semelhante. A multidão estava acotovelada esperando que o peregrino pudesse trazer sua palavra de alento. Mirthes, a velha escrava, esclareceu ao senador que quem viria trazer a palavra do Evangelho era um ancião santificado, que havia conhecido pessoalmente Jesus de Nazaré e que fora incumbido pelo Messias de dar prosseguimento à sua palavra e à sua doutrina, libertando as criaturas do mal, curando os enfermos e devolvendo a esperança aos aflitos.

O burburinho tornava-se grande, mas de repente se fez completo silêncio. Todos se postaram de joelhos em atitude de reverência à venerável figura que adentrou o grande salão formado na enorme gruta. Aulus fitou aquela criatura alquebrada, curvado pelos anos de lutas e sofrimento, de testemunhos constantes. Servia-se de um cajado que o amparava e o sustinha em sua longa caminhada. Cabelos e barbas longas encanecidas. O rosto vincado pelas rugas que o tempo marcara de forma indelével, por tantas experiências vividas, demonstrava um olhar sereno cujos olhos irradiavam um magnetismo inexplicável. Muitos choravam tomados pela emoção do momento. Era Pedro que, naqueles dias de dor e incompreensão, tinha a missão de apascentar as ovelhas do Senhor. O sublime mensageiro começou sua pregação:

— Irmãos em Cristo Jesus! Que a paz do querido Mestre possa estar em seus corações.

Aulus não conseguia desviar seus olhos daquela figura ímpar, sentindo seu corpo ser tomado por uma estranha sensação que nunca antes havia experimentado. Pedro continuou:

— Meus queridos filhos, vivemos dias difíceis de incompreensão e de dor, em que a perseguição se torna cada vez mais feroz. Está chegando a hora de cada um dar o seu testemunho de amor ao Mestre, que ofereceu Sua vida para nos salvar. Mas Ele era inocente, não tinha pecados e deixou-se imolar como um cordeiro que se entrega ao carrasco, sem reclamar. Nós temos nossos pecados, mas o Divino Cordeiro lavou nossos pecados pelo Seu sangue derramado e nos exortou que seriam Bem-Aventurados aqueles que sofressem perseguição por amor à Justiça e aqueles que perseverassem até o final, pois seriam recompensados no Reino do Pai, onde é a verdadeira vida!

A multidão estava em completo silêncio. Muitos choravam comovidos diante das palavras do apóstolo. Pedro fez silêncio por alguns minutos evocando lembranças inesquecíveis do Mestre, enquanto as lágrimas desciam pelo seu rosto, molhando suas veneráveis barbas embranquecidas. Ninguém ousava interromper e o silêncio era completo. O apóstolo continuou:

— O Mestre sabia que seria condenado e sabia também que seria traído, mas jamais condenou aquele que O traiu. Jamais esquecerei o dia em que Ele me pediu o testemunho e eu afirmei que estaria pronto. Ah! Meus filhos queridos, não poderei nunca mais esquecer Seu olhar terno e compreensivo, quando adivinhava nossas fraquezas, dizendo-me: Pedro, até que o galo cante, irá me negar três vezes! E no momento em que fui submetido à prova mais acerba, meus filhos queridos, eu neguei realmente o Divino Amigo! Quando no Monte das Oliveiras nos pediu que nos mantivéssemos vigilantes, o que fizemos? Entregamo-nos ao repouso e ao sono, enquanto o Querido Amigo entristecido ao observar que ninguém vigiava orou ao Pai, buscando forças na comunhão do pensamento com Deus! Nós o deixamos sozinho, enquanto dormíamos, mas Ele jamais se aborreceu conosco. Quando os soldados se aproximaram e puxei minha espada para defendê-lo, Ele pediu-me:

— Pedro, guarde sua espada! – e estendeu Suas mãos como um cordeiro, pronto para ser imolado.

— No momento da crucificação – continuou o apóstolo –, nenhum de Seus amigos estava presente e Ele nos procurava com o olhar para repousar no último adeus, mas quem estava lá? Apenas Maria, sua mãe, desfalecida pela dor, Maria de Magdala e João, que puderam estar juntos do Querido Mestre em seus instantes finais. Ele pediu ao Pai que nos perdoasse a todos, pois ainda não tínhamos capacidade de entendimento.

Pedro suspirou fundo pela emoção da evocação de lembranças tão caras e prosseguiu:

— Ainda nos faltava coragem, mas Ele tudo compreendia e nos perdoava sempre. Alertou-nos Jesus que nos alegrássemos, quando tivéssemos a oportunidade de oferecer nosso testemunho em Seu Nome, pois grande seria a recompensa no Reino dos Céus. O Mestre não nos abandonou após sua morte, Ele continua vivo! Maria de Magdala O viu pessoalmente e, quando nós estávamos escondidos por medo da perseguição, Ele nos apareceu como nos dias de glória em que, mesmo sem compreendê-Lo, o seguíamos pelos caminhos da Galiléia. Ali, bem em nossa frente, estava Ele novamente e, quando Thomé duvidou, estendeu as mãos e disse-lhe: toque minhas chagas. E Thomé tocou. Então o Mestre, como era seu hábito, deu-nos mais um ensinamento: Bendito sejas tu, Thomé, que acreditou porque viu, mas bendito seja aquele que crê sem ver.

A comoção era geral. Aulus sentia-se envolvido por tamanho magnetismo, admirando aquele homem humilde cuja capacidade oratória o impressionava, pois até ele, que desconhecia os mistérios daquela estranha doutrina, também se sentia tocado nas fibras mais sensíveis de sua alma. O apóstolo continuou:

— Filhos queridos, aqueles dias se tornarão inesquecíveis em nossa memória. Por onde passava, o Mestre derramava suas bênçãos, curava os enfermos, contava-nos histórias e parábolas, enchia nossos corações de esperança de que um dia estaríamos com Ele no Reino de Deus. Conclamava-nos para que não tivéssemos apego aos bens transitórios da vida, pois tudo é fugaz e efêmero. Olhai as Aves do Céu! Olhai os Lírios dos Campos, exortava-nos o Querido Mestre, para nos dizer que este é um mundo de injustiças e incompreensões, mas que o Pai não desampara nem as aves, nem os animais, quanto mais nós, que somos Seus Filhos diletos. Tenhamos fé em Cristo Jesus, irmãos queridos; as nuvens tornam-se cada vez mais negras no horizonte e aproxima-se para cada um de nós o momento do testemunho supremo! Ele estará conosco nos momentos de dor e nos fortalecerá, dando-nos coragem para enfrentarmos em Seu nome os sacrifícios que forem necessários. Neste dia deveremos cantar de alegria, porque próxima estará nossa libertação de um mundo que apenas paga tributos a César.

O apóstolo terminara sua preleção. O ambiente era de comoção geral e, de forma ordeira, cada um procurava se aproximar do venerável apóstolo para tocar em suas vestes, beijar suas mãos, enfim, ouvir sua palavra mais de perto. Aulus procurou também se aproximar. Era um exercício de paciência, pois Pedro atendia cada um com carinho e abnegação, sem demonstrar cansaço. Após horas de longa espera, Aulus estava frente a frente com o apóstolo. Fitou seus olhos e não resistiu: chorou copiosamente. Jamais esqueceria aquela expressão, aquele olhar que parecia penetrar fundo em sua alma. Tomado de tamanha emoção, não conseguia expressar seu sentimento contando seu problema, mas o apóstolo disse-lhe sem rodeios:

— Meu filho, o Mestre sempre convidava aqueles que já se encontravam preparados a segui-Lo. Aos demais, aconselhava a seguir em frente e não mais pecar. Se seu coração já está preparado a seguir o Mestre, sigamo-Lo com alegria no coração, ou então, tenha fé que não estará desamparado.

Aulus abaixou a cabeça soluçando. O apóstolo estendeu as mãos e tocando sua fronte fechou os olhos. Em seguida lhe disse:

— Tenha fé em seu coração, pois Jesus já curou seu filho. Volte para casa certo de que, se o Cristo o salvou, ele não lhe pertence, pois todos nós pertencemos apenas a Cristo Jesus. De Deus nós viemos e a Deus um dia nós retornaremos, cheios de alegria para viver em Sua glória eterna. Bendito seja aquele que é merecedor das glórias do Senhor! Vá na graça de

Deus, meu filho, não perca nunca a fé. Cristo foi o Divino médico do corpo e da alma. Seu filho já está bom, mas cuidemos das doenças da alma, que é o que mata de verdade. Que a paz de Jesus esteja com você!

Aulus não conseguia se conter. Sentia vontade de sair correndo, tomado pela grande alegria que enchia sua alma e seu coração! Saiu de dentro da caverna e caminhou cambaleante como se estivesse embriagado. Apanhou seu cavalo, que estava do lado de fora, e tomou a Via Ápia de retorno a Roma. Os albores do sol que tingiam o horizonte anunciavam um novo dia, enquanto a brisa matutina soprava sobre a tépida paisagem. O que Aulus sentia, não sabia explicar. Seu peito parecia querer explodir num misto de alegria e tristeza. Desceu do animal e à beira do caminho soluçou como uma criança desamparada. Parecia-lhe que deixava escapar algo que lhe era caro demais ao coração não seguindo aquele homem, mas ansiava por rever seu filho, que o apóstolo informara já estar curado. Quanto tempo ficou parado, olhando o sol que se levantava no horizonte? Aulus perdeu completamente a noção do tempo e do espaço. Nisto um agrupamento de centuriões passava pelo local. Preocuparam-se por reconhecer um romano de nobre estirpe como que perdido ao longo da estrada. Um centurião questionou:

— Senhor, alguma coisa em que possamos ajudá-lo?

Só então Aulus se deu conta que já estava ali parado há longo tempo. Como que por encanto, sentia que havia viajado para eras remotas e que tinha uma missão a cumprir na Terra. Agradeceu com um sorriso o interesse do centurião:

— Obrigado, soldado, mas estava apenas tomando o ar da manhã. Obrigado, mas já estou indo embora.

— Tome cuidado – complementou o zeloso centurião –, pois por estes lados costumam se esconder os cristãos. São pessoas perigosas e salteadores. Tem certeza de que não quer que o acompanhemos?

Aulus sorriu com tristeza. Aqueles homens conheciam apenas a verdade de Nero e Tigellinus.

— Agradeço e aprecio o interesse, soldado, mas é absolutamente desnecessária sua proteção.

Dizendo isto, seguiu em frente. Mais uma hora e chegou à sua imponente casa na região do Palatino. Adentrou o recinto onde grande burburinho se fazia ouvir de fora. Com o coração descompassado pela emoção, procurou a razão de tanta euforia: Helena, sua esposa, e Cláudia, sua filha, correram a abraçá-lo em lágrimas:

— Por Júpiter, Helena. O que aconteceu?

A esposa quase não conseguia falar, apenas balbuciou:

— É Sérgio Paulo, nosso filho...

— O que aconteceu com nosso filho? Fale, mulher, senão me enlouquece.

Cláudia, mais calma, conseguiu por fim esclarecer:

— Passamos a noite toda com o Sérgio Paulo, papai. Achávamos que ele ia morrer, pois quase não mais respirava. Quando foi chegando a madrugada, mamãe e eu dormimos vencidas pelo cansaço e, ao acordarmos, vimos que ele nos chamava, pois tinha sede e fome. Sérgio Paulo nos disse que em sonho um ancião de barbas brancas o havia abençoado, dizendo-lhe que estava curado em nome de um Deus desconhecido para nós.

Aulus não resistiu. Correu para a cama de seu filho querido, beijando-o em transportes de alegria e ternura, com os olhos em lágrimas abundantes. O rosto do filho antes descorado ganhara novas cores, apesar de ainda transparecer profundo abatimento. Aulus soluçava de alegria, enquanto seu pensamento ia até o apóstolo Pedro num pensamento de gratidão imorredoura.

Os dias se passaram e Aulus não arredava pé do leito do filho que se recuperava a olhos vistos. Enquanto isto, as prisões e os espetáculos dantescos levavam ao delírio a turba enlouquecida, tanto quanto Nero e Tigellinus. Todos os dias milhares de cristãos eram atirados às feras que os trucidavam, sem que fosse esboçada qualquer reação, ao contrário, entoavam estranhos hinos incompreensíveis e, para surpresa dos assistentes, não demonstravam medo diante da morte; parecia que suas vistas alcançavam além do mundo visível, o mundo das claridades eternas, que os conduzia à morte com a resignação dos grandes mártires do Cristianismo nascente. No auge da loucura, Nero não mais se satisfez com os espetáculos do Coliseu. Ofereceu grande festim no Palácio, cujos jardins foram iluminados pelos corpos dos cristãos que foram presos aos postes e, posteriormente, embebidos em resina e ateado fogo, enquanto a música soava sob o toque das cítaras, das harpas e dos alaúdes.

Notei que o Assistente recordava com lágrimas de emoção aquele triste episódio:

— Ah! Virgílio, se o tempo pudesse voltar e tivéssemos a compreensão que temos hoje! Aqueles dias foram tristes em nossa história, mas de testemunhos inesquecíveis em demonstrações de fé inabalável no Senhor daqueles primeiros cristãos! Os grandes mártires do Cristianismo nascente não podem ser esquecidos em seus exemplos de confiança irrestrita em Deus, Nosso Senhor que está nos Céus!

Eu compreendia o que o Assistente estava querendo me dizer! Também eu lá estivera e, como tantos outros, ainda não pudera compreender a grandeza daqueles homens simples e humildes, pois para nós o que importava era a porta larga da vida, o mundo de César, dos gozos do mundo profano e fugaz! Os séculos passaram para que pudéssemos finalmente entender a sublimidade daqueles dias tempestuosos em que os interesses imediatos falavam mais alto.

A erupção do Vesúvio

O Assistente solicitou-me que estivesse de volta no dia seguinte. Confesso que me sentia tomado de surpresa e emoção, pois a narrativa de Valérius provocava-me velhas recordações, algumas gratificantes, outras dolorosas, mas que jaziam num passado distante, escondidas em algum cantinho esquecido de minha memória etérea. O relato de Valérius permitia que eu retornasse mentalmente no tempo, de volta a uma era de glórias mundanas de Imperadores tiranos e cruéis, paralelamente a um novo reinado de luzes e amor, de libertação da alma, em que o Cristianismo nascente trazia ao mundo a mensagem da Boa Nova! Também eu lá estivera e quanto daria, se fosse possível, para retornar no tempo e recomeçar tudo de novo...

Pontualmente no horário combinado, lá estávamos. Valérius continuou sua narrativa com emoção:

— Os meses que se seguiram à cura de Sérgio Paulo foram extremamente difíceis para os homens de bem em Roma. As intrigas cada vez mais perigosas, os desmandos de Nero, e os sacrifícios em massa dos cristãos, tornavam a capital imperial insuportável. Aulus, ainda que agradecido, não podia compreender a doutrina que desprezava os bens materiais e recomendava o perdão aos ofensores; aquilo era incompatível com sua filosofia de vida, sua maneira de pensar. Sentia-se velho e cansado de tudo, de forma que resolveu abandonar a vida da capital romana, mudando-se para as cercanias de Pompéia, onde possuía belíssima propriedade.

Sérgio Paulo já completamente recuperado e Cláudia resolveram ficar. Aulus consentiu, pois os filhos queridos ficariam sob a guarda do amigo Lívio Tito. Os anos correram céleres. Era o ano de 68 da Era Cristã, quando o exército finalmente se rebelou contra Nero que, acovardado, acabou suicidando-se. Naquele mesmo ano, Sérgio Paulo casou-se com Valéria, filha de Lívio Tito, enquanto Cláudia se casava com Caio Graco, um nobre amigo da família de Aulus. A felicidade era imensa para o velho senador que resistia à ação dos anos impiedosos. O tempo passou e vieram os primeiros netos, enchendo o coração de Aulus de alegria e orgulho.

Corria o ano de 79. Roma agora era governada por Tito Flávio Vespasiano, que imprimia um período de ordem e prosperidade ao Império. Aulus, entretanto, convidado pelo senado para retornar e dar sua importante contribuição que os anos e a experiência requeriam, declinou o convite, pois não mais queria saber da vida agitada e desgastante da Capital. Sabia que vivia o outono de sua existência e o que mais desejava era poder passar o fim de seus dias em paz.

Neste ínterim, Sérgio Paulo, Valéria e Lucius, seu netinho do coração, aproveitaram a oportunidade em que importante representante de Tito Vespasiano estava em visita a Pompéia para algumas solenidades em nome do Imperador. Integravam a comitiva e desta forma teriam grande oportunidade para ficarem alguns dias em companhia dos pais. O velho senador sentia-se o mais venturoso dos mortais.

Era com satisfação que mantinha longas conversas com Sérgio Paulo, que era então um dos mais jovens integrantes do Senado Romano. Apesar das angústias e das inquietações vividas, Aulus sentia saudades daquele tempo com as lembranças dos velhos amigos. Lívio Tito havia falecido, de forma que Sérgio Paulo era agora o herdeiro de sua fortuna. Assim ficavam, pai e filho, longas horas observando as montanhas das cercanias de Pompéia, onde a figura do Vesúvio se assemelhava a um gigante adormecido.

O velho patrício, entretanto, estava surpreso com o filho. Sérgio Paulo falava-lhe de uma nova filosofia de vida. Desde que fora misteriosamente curado de sua enfermidade, dizia-lhe o filho, passara a ter sonhos e visões, e isto o perturbara em demasia. A velha ama, Mirthes, era que lhe trouxera o alento necessário, pois, através dos ensinamentos transmitidos, ele conseguira ter paz de espírito, ao compreender a grande mensagem de amor e libertação do ser humano. Sérgio Paulo se convertera ao Cristianismo.

O velho senador recordou a noite em que estivera com o apóstolo Pedro e como ficara impressionado. A cura inexplicável do filho, que já dava por morto. Tudo isto o confundia, mas como compreender uma doutrina que ensinava a ser humilde? A perdoar? A oferecer a outra face? A desprezar os bens materiais? Não, ele era reconhecido e agradecido ao velho apóstolo que prometera curar seu filho, e realmente o fizera, mas daí a esposar aqueles conceitos era muito difícil. Como explicar agora seu filho com esta filosofia de vida? A verdade é que Aulus vivia em conflito consigo mesmo, pois questionava sempre o frio da pedra do mármore dos deuses romanos, que pareciam distantes e impassíveis à dor e ao sofrimento das criaturas. Ultimamente estranhos pressentimentos rondavam seu coração. Pressentia em seu coração que algum acontecimento triste estava por acontecer. À noite, às vezes, acordava sobressaltado e Helena o confortava, mas Aulus não conseguia afastar de sua mente aquela estranha sensação que angustiava sua alma.

Naquele dia, estavam programadas uma série de festividades, em que a presença do ilustre representante do Imperador seria homenageado. Aulus como representante do senado deveria comparecer, juntamente com Sérgio Paulo. Enquanto se vestiam com trajes de gala para o cerimonial, pai e filho confabulavam como dois velhos amigos e quem pudesse observar poderia imaginar que o filho era o pai e o pai era o filho. Dizia Sérgio Paulo:

— Papai, o Cristianismo veio nos trazer a revelação do Deus verdadeiro, do Deus único. Jesus trouxe em seus ensinamentos a verdade que liberta a alma humana, pois a vida continua após a morte do corpo físico. Ele mesmo ressuscitou e veio para junto dos apóstolos, que o viram com seus próprios olhos!

— Ah! Meu filho, como quer que este velho possa acreditar em tais coisas, após viver toda uma existência cultuando nossos deuses?

— Apenas posso dizer-lhe, papai, que Jesus nos fala e reconforta o coração. O senhor mesmo foi testemunha disto, não foi? O senhor foi uma pessoa privilegiada, pois esteve junto com o apóstolo do Cristo. A minha cura não foi uma prova? Ah, meu pai, temos que nos despir dos preconceitos que trazemos arraigados pela tradição de séculos! Veja Roma, a capital toda-poderosa, conquistou todo o mundo e todas as nações se renderam ao seu poderio militar, mas isto não nos trouxe a felicidade, nem a paz de espírito!

— Sim, meu filho, neste aspecto, sou obrigado a concordar com você, pois eu mesmo sou testemunha de tudo isto. A ambição desenfreada daqueles que têm o poder em suas mãos leva à loucura e, em vez de libertar, leva-os à escravidão.

— Então, meu pai, a filosofia cristã é consoladora e nos traz a oportunidade de compreender que o verdadeiro mundo não é este em que vivemos. Esta é uma vida passageira e temos de nos preparar para viver a verdadeira vida, no mundo espiritual, como Jesus nos prometeu.

O velho senador sorriu diante das ponderações do filho. Abraçou-o com sentimento de amor e admiração. Sua afeição de amor paterno não era normal. Seu filho parecia-lhe alguém muito caro; não sabia explicar esse sentimento, e aquela sensação de que um dia poderia perdê-lo não o abandonava. Sacudiu a cabeça. Já estava no final de sua existência e, com certeza, o filho seria aquele que fecharia seus olhos e o colocaria no túmulo.

— Filho, não posso deixar de reconhecer que o que me diz me desperta um sentimento que já havia experimentado antes. Naquela noite em que ouvi as palavras daquele apóstolo, também senti a mesma coisa. Vamos às festividades, somos aguardados e não devemos nos atrasar, mas hoje à noite gostaria que me falasse mais a respeito desta nova doutrina.

Nisto, sentiram um leve tremor de terra seguido de um barulho ensurdecedor, semelhante a um trovão distante e prolongado. Aulus sentiu forte tontura como se faltasse chão aos seus pés, sendo amparado por Sérgio Paulo para não cair. Um dos escravos de porte hercúleo, chamado Cratus, adentrou a sala esbaforido:

— Senhor, uma nuvem negra de fumaça se levanta do monte Vesúvio. Acho que não é coisa boa não, senhor!

Saíram todos para o lado de fora e a visão aterradora, que se descortinava, jamais se apagaria da memória de quem pudesse presenciar aquele fenômeno formidável da natureza: do alto da montanha, enorme espiral negra se elevava ao céu num turbilhão onde se misturavam fumo e fogo, que ascendiam a elevadas altitudes, espalhando-se em seguida num leque que atingia Herculanum e Pompéia. Rugidos ensurdecedores bramiam no ar lançados pela boca descomunal do Vesúvio, que libertava sua energia destruidora em forma de fogo e lavas incandescentes. Em poucos minutos tudo foi tomado pelo fogo abrasador e pela fumaça sulfurosa que sufocava todos.

Nas ruas de Pompéia o povo em pânico corria de forma desordenada, buscando uma fuga impossível. Crianças, idosos e mulheres eram pisoteados, enquanto do céu a chama devastadora infernal tudo devorava na ânsia destruidora da natureza, que se manifestava impiedosa. Edifícios de mármores ruíam como se fossem de papelão, soterrando em seus escombros centenas de pessoas que se encontravam reunidas para as festividades.

Alguns poucos lograram chegar até o porto em busca desesperada da fuga pelo mar, enquanto a maioria sucumbia soterrada nas lavas cuspidas pela fúria indomável do Vesúvio. Negra cortina de fumaça envolvia Pompéia qual triste mortalha, deixando no ar o cheiro de enxofre e morte.

Na propriedade de Aulus, a angústia enchia o coração do velho senador que se sentia impotente diante da torrente incontrolável de fogo e lava que descia do céu. O Vesúvio rugia num troar contínuo e ensurdecedor, lançando para o ar juntamente com as lavas e a fumaça enormes pedras incandescentes, que nada poupavam onde caíam. Percebendo a impossibilidade de fuga, Aulus notou a grandeza e a serenidade de Sérgio Paulo, que o abraçou, juntamente com Helena, Valéria, a esposa, e Lucius, seu filho. Cratus ainda tentava preparar um carro, atrelando cavalos que, esbaforidos, se recusavam a obedecer as ordens, zurrando com as narinas infladas e os olhos de pavor diante do fenômeno incompreensível e aterrador. Por fim, apesar do esforço hercúleo de Cratus os animais escaparam em disparada, liquidando com qualquer esperança de fuga daquele palco de dor e morte. Sérgio Paulo, com os olhos em lágrimas mas com serenidade no coração, resignado diante da morte certa, convidou todos para se ajoelharem em oração. Cratus e outros servos em desespero de causa se juntaram ao grupo. Até aquele momento, milagrosamente, apesar da fumaça que tornava o ar quase que irrespirável, a mansão de Aulus havia sido poupada das pedras e das lavas que ainda não haviam alcançado sua propriedade.

Sérgio Paulo com voz comovida iniciou sua prece:

— Mestre Jesus, Vós que nos destes a vida para redimir nossos pecados, dai-nos neste instante, Senhor, força e coragem para que possamos enfrentar nossos destinos com fé e confiança, a fim de que possamos estar Convosco, se esta é Vossa vontade. Confortai-nos o coração, envolvei-nos em Vossa paz, iluminai nossa alma, e permiti que Vossos anjos nos protejam e nos guardem em sua paz.

Lá fora o Vesúvio bramia, com seu rugido feroz e incontrolável. Gritos de desespero e dor se misturavam ao estrondo de prédios que ruíam fragorosamente. O chão tremia sacudido como folha de papel, em sucessivos abalos sísmicos.

Sérgio Paulo envolto em suaves vibrações de espíritos amigos, e sob forte inspiração da prece, trazia serenidade ao diminuto grupo. Aulus com os olhos em lágrimas abraçava fortemente o filho e o neto, pressentindo a morte inevitável e a possibilidade de partir para sempre. Solene era o momento e a dor de seu coração de pai fazia que seu peito soluçasse. Neste instante, uma pedra atingiu a residência e enorme viga despencou, abatendo-se sobre a cabeça de Sérgio Paulo, que caiu banhado em sangue. Aulus deu um grito e em desespero tentava levantar o pilar, auxiliado por Cratus. O esforço se tornava inútil, pois apesar da luta e da força descomunal de Cratus, o pilar não se movia. Aulus em desespero de causa emitiu um grito de dor, angústia e revolta contra um Deus que ele desconhecia, mas que lhe parecia sempre levar seus fiéis à morte e à dor:

— Que Deus você é? Como pode ser misericordioso? Como pode ser sábio e justo? Por que trazer a dor àqueles que o amam? Se realmente existe, prove sua existência e salve a vida de meu filho! Por que permitiu que seus fiéis morressem sacrificados inutilmente nos circos romanos? Por que condenar à morte seus filhos? Sim, responda-me, se realmente tem poder para que tenhamos vida sem dor e sofrimento.

O velho senador chorava compungido diante do corpo do filho. Sérgio Paulo ainda se mexia, mas todo esforço se revelava infrutífero, quando nova pedra incandescente despencou do alto. Tudo veio abaixo. Abraçado à esposa, Aulus em desespero derradeiro ainda segurou a mão do filho, exalando o último suspiro, quando grande torrente de lavas sepultou para sempre aqueles corpos que, petrificados, assim permaneceram durante os séculos. A morte não os separou no derradeiro abraço, pois os verdadeiros e santificados laços do amor não se perdem jamais!

Valérius visivelmente emocionado concluía sua narrativa.

— Grande caravana socorrista do espaço amparava aqueles espíritos atormentados. A família de Aulus imediatamente foi socorrida, tão logo cessou a vida nos corpos da carne. Sérgio Paulo, Helena, Valéria, Lucius e os servos apresentavam-se em boas condições espirituais, particularmente o filho de Aulus, que já alcançara elevação pela fé abraçada. Entretanto, o velho senador apresentava-se revoltado em espírito, e em profundo estado de perturbação emocional. Não tinha consciência de que já não mais estava no corpo físico, e em vão tateava na escuridão que o envolvia, em busca do filho querido.

Alguns anos se passaram e Aulus, finalmente conduzido pela luz do filho, despertou em sua consciência espiritual. Tempos depois, já no governo de Constantino, o velho senador mergulhou na carne em nova experiência reencarnacionista, enquanto Sérgio Paulo ainda permaneceria por algum tempo na pátria espiritual.

Na Espanha inquisitorial

A narrativa de Valérius tocava-me o coração e meus sentimentos. A emoção transparecia na fisionomia do Assistente pelas recordações de épocas tão recuadas e me contagiava.

— Meu querido Virgílio, os laços santificados de amor que unem os espíritos afins são sagrados. O tempo passa, mas este sentimento se solidifica cada vez mais. Sérgio Paulo na espiritualidade tornou-se o anjo tutelar de Aulus, acompanhando-o a cada reencarnação, velando por seu progresso e estimulando-o nos momentos difíceis. Mas o espírito do velho senador trazia ainda consigo arraigados resquícios do poder e da soberba que herdara do período romano. Eram mazelas da alma difíceis de serem expurgadas e, embora tivesse abraçado o Cristianismo, os costumes romanos ainda falavam mais forte em sua bagagem espiritual.

Nos momentos difíceis em que Sérgio Paulo o confortava, sentia-se saudoso do filho querido, querendo recordar que deixara para trás algo que lhe era caro e sagrado ao coração. Apesar dos bons propósitos e da preparação que antecedia cada reencarnação, Aulus ainda trazia seu coração endurecido e revoltado, e apesar do esforço de seu anjo tutelar desperdiçava oportunidades maravilhosas.

Sérgio Paulo já vestira também a roupagem da carne, retornando como religioso e missionário, mas, apesar do tempo transcorrido reconhecia penalizado que ainda não havia conseguido libertar a alma do velho senador das agruras do passado. Apoiado pelos planos da espiritualidade superior, reencarnaria em missão especial, vindo como irmão mais novo do velho senador, com o objetivo de, juntos, caminharem para Cristo em terras da velha Espanha, no final do século XIV.

Na região de Toledo, próximo a Madrid, o Sr. Albanez, homem rico e poderoso, dono de grande extensão de terras, orgulhava-se dos filhos, pela inteligência e beleza dos jovens. Realmente Pablo e Diego eram diferentes dos demais jovens de sua idade. Entretanto, Pablo, apesar de ser três anos mais velho que seu irmão, dotado de inteligência extremamente aguçada, demonstrava grande dependência emocional em relação ao irmão mais novo.

Tudo que Pablo desejava fazer, buscava saber a opinião de Diego, que, apesar de mais jovem, demonstrava grande maturidade. O orgulho do Sr. Albanez era justificado, pois se Pablo era às vezes temperamental e intempestuoso, Diego era o contraponto em moderação, bom senso, equilíbrio e bondade.

Ambos se destacavam nos estudos em relação aos demais jovens da época, e, quando Diego manifestou desejo de estudar Medicina, foi imediatamente imitado pelo irmão mais velho. Aliás, Pablo procurava imitar o irmão em tudo. Sua admiração e seu apego por Diego eram espantosos e o caçula sentia-se feliz e carinhosamente retribuía, auxiliando o irmão em todos os sentidos. Era emocionante ver a amizade que unia aquelas almas irmãs de tantos séculos.

E assim aconteceu. Diego e Pablo foram para Madrid, onde se formaram em Medicina. Jovens, médicos, ricos e bonitos, eram alvos de disputa pelas moças da sociedade, mas Diego parecia não se interessar muito pelas coisas do coração, enquanto Pablo se deixou render pelos encantos de Guadalupe, uma bela moça, filha de importante comerciante madrilenho.

A vida seguia em frente. Os filhos de Albanez desenvolviam belíssimo trabalho a serviço da Medicina, na capital espanhola. Enquanto Diego se voltou mais para as causas dos menos favorecidos, Pablo contraia núpcias, em meio a muitas festividades.

Diego constantemente visitava regiões pobres, como médico abnegado, levando consolo aos aflitos. Era um missionário que se entregava com amor à Medicina, qual sagrado mandato. Portador de grande fé, percebia muitas vezes que nem sempre os remédios tradicionais bastavam para alcançar a cura, e surpreendia-se, às vezes, no leito dos doentes fazendo imposição de mãos e orando com os olhos fechados, como se força maior o guiasse. Na verdade, Diego era portador de sublime mediunidade e servia de instrumento de amor ao plano espiritual superior que o guiava. O poder da fé e da oração contagiava e, dessa forma, alcançava a graça de cura para muitos doentes. Começou a ficar conhecido como "o médico santo". Nestas andanças, apaixonou-se por Soledad, filha de camponeses simples, cuja beleza era cativante, conquistando de forma indelével o coração do médico. Casou-se em cerimônia singela e, junto com a esposa, levava consolo e paz para os recantos mais afastados, onde campeava a dor e a miséria.

Em razão de terem objetivos diferentes, os irmãos ficaram afastados durante algum tempo e, quando Diego retornou a Madrid, quase não reconheceu o irmão. Pablo estava mudado. Perdera aquela simplicidade que lhe era cativante e adquirira ares de sofisticação. Vivia intensamente os protocolos da sociedade madrilenha, gozando tudo que o poder do dinheiro permitia. Embora médico, não mais exercia a Medicina e fizera amizades influentes com pessoas envolvidas na política e na Igreja. Quando se reencontraram, Pablo teve um acesso de emoção, chorando nos ombros do irmão, como se reencontrasse com um pedaço de si mesmo. Diego estava magro e, embora seus olhos demonstrassem um brilho de luz, Pablo preocupou-se com a saúde do irmão, que se doava demais aos necessitados, esquecendo-se de si mesmo. A barba cobria o rosto magro de Diego, mas sua fisionomia irradiava paz e alegria.

Todavia aquele encontro fora breve, pois os compromissos falavam mais alto. Pablo estava se mudando para Paris, onde deveria assumir importantes interesses nos negócios do sogro. Na partida, despediu-se do irmão com lágrimas de emoção. Diego não sabia explicar, mas algo lhe dizia que naquela separação estava perdendo para sempre seu irmão. Assim aconteceu. Pablo assumiu os negócios do sogro, permanecendo na capital parisiense por longos dez anos.

Correspondiam-se regularmente, mas, com o passar dos anos, as cartas foram rareando, até que emudeceram completamente. A vida, o fausto, a riqueza, funcionavam para Pablo qual anestésico para sua sensibilidade de alma. Cada vez mais envolvido, apreciava o poder da Igreja, engajando-se com o movimento da Inquisição, que considerava justa, pois representava a merecida punição aos hereges, aqueles que ousavam se insurgir contra os desmandos do poder da Igreja.

Os dez anos que separaram os irmãos foram de extrema importância para o destino de ambos. Diego fiel aos seus princípios de simplicidade trazia em seu coração o exemplo de Francisco de Assis, entendendo que o caminho para Deus era o da simplicidade, do amor, do desprendimento e da caridade. Dessa forma, prosseguia em sua tarefa a serviço da Medicina, em prol dos menos favorecidos.

Os desmandos do alto clero da igreja católica provocaram o grande cisma e o descontentamento de muitos. Como forma de se preservar e intimidar aqueles que ousavam criticar as atitudes dos representantes do Vaticano, havia sido criado o

Tribunal da Inquisição, em 1231, por ofício do papa Gregório IX. Já funcionava desde aquela época com o objetivo de punir os hereges. Alguns séculos mais tarde, no Reino de Aragão e Castela, o movimento inquisitorial ganhou novo impulso. Instalaram-se os tribunais do Santo Ofício, cuja finalidade era levar às fogueiras os que fossem acusados de se manifestarem contra as práticas católicas. Quem assim agia, era logo acusado, sendo considerado a serviço do demônio, ou dos maus espíritos, ou, ainda, de bruxarias.

A Igreja era detentora do poder, da riqueza, da fé, da política e da ciência. A Terra era o centro do universo e tudo girava ao seu redor. O papa era o representante máximo de Deus na Terra e considerado santo e infalível. Frei Tomás de Torquemada foi investido como o representante máximo da Igreja; como Inquisidor Mor tinha poderes ilimitados, e, em nome de Deus, agiu com crueldade extrema, punindo com a morte pela fogueira milhares de pessoas. O processo era sumário. Bastava uma carta anônima denunciando alguém, para que se instalasse o processo e, caso o acusado não abjurasse em ato público, a condenação era irremediável. Em prisões secretas, eram submetidos aos mais cruéis tipos de tortura para que se arrancassem confissões inexistentes, nas quais o acusado reconhecia culpas que não tinham, para depois abjurar. Mesmo abjurando, entretanto, tinha seus bens confiscados pela Igreja e seus descendentes também sofriam represálias. Foi um período negro e triste da história da humanidade. A Inquisição passou a ser instrumento político e a servir interesses escusos, para que se eliminassem inimigos. Bastava ter alguma influência com os membros do Santo Ofício, para se atingir objetivos inconfessáveis.

Quando Pablo retornou a Madrid, seu sentimento era de saudades do irmão. Como estava Diego? Continuava a serviço da Medicina em favor dos desvalidos? Na verdade, Pablo não se conformava que o irmão não priorizasse a questão financeira, pois praticamente trabalhava gratuitamente, não auferindo vantagens monetárias da Medicina.

Entretanto, uma triste notícia o esperava. Não se sabe por que e nem por quem, Diego havia sido denunciado ao Santo Ofício por prática de bruxarias. Diziam que o médico não seguia os rituais ortodoxos da Medicina, valendo-se de atos estranhos para curar, falando com espíritos e utilizando-se de sortilégios para enganar as pessoas. O médico fora levado à prisão, torturado, mas não fizera seu ato de contrição reconhecendo a prática da bruxaria e nem declarando-se arrependido de uma culpa que não possuía. Fora condenado juntamente com Soledad. Ficou sabendo que o irmão tinha um filho de nome Antônio, que contava com apenas seis anos de idade, mas Pablo desconhecia o paradeiro do sobrinho.

Pablo entregou-se ao desespero. Graças à sua influência, foi-lhe franqueada uma visita ao irmão. Quando chegou à prisão, desceu até o cubículo onde Diego estava confinado. O ar era irrespirável e o sol jamais iluminava aquele ambiente imundo. A débil iluminação que vinha da minúscula janela, situada quase na altura do teto, era a única ligação com o mundo exterior, por onde entrava um sopro de ar quase que imperceptível. Diego estava excessivamente magro, barbas longas, pálido, pele descorada e com as mãos trêmulas. Uma tosse intermitente demonstrava que o médico era portador de tuberculose em estágio avançado. Pablo teve uma crise de choro. Abraçado ao irmão querido soluçou inconsolável. A figura de Diego parecia-lhe de um santo e trouxe-lhe à memória que, à sua frente, estava uma alma muito querida, alguém que lhe era muito caro e que, mais uma vez, estava na contingência de perdê-lo para sempre. Apesar da debilidade, Diego apresentava formidável estado de equilíbrio espiritual. Apesar de tudo, ainda tinha ânimo para consolar o irmão:

— Pablo, meu querido Pablo, os anos nos separaram, mas meu coração vibra com você. Não se desespere, pois uma fortaleza imensa de fé enche meu coração. Sinto que Jesus está comigo e nos últimos dias, em que a fraqueza às vezes me leva a desfalecer, vejo formas luminosas que vêm me confortar. Sei que não devo viver muito tempo e que devo ser mandado à fogueira. Mas morrer por Jesus representa para mim um privilégio, de que não me sinto merecedor. No entanto, agradeço ao Mestre e em oração tenho pedido que me dê coragem para morrer com dignidade. A única coisa que lamento, meu irmão, é por Soledad, pois não tem sido permitido que eu a veja. Temo por ela; eu não me importo com o que pode me acontecer, mas ela deveria ser poupada. Mas tenho ainda outro pedido a lhe fazer meu irmão!

— É só dizer, Diego, é só dizer. De que se trata?

— Meu filho Antônio. Sei que os maiorais da Inquisição o tomaram sob tutela. Descubra onde ele se encontra, Pablo, e tome sob sua responsabilidade sua guarda. Faça-o por mim, meu querido irmão. Sei que minha perda é irremediável, assim também de Soledad, mas ficaria em paz de espírito, se souber que você cuidará de meu filho. Prometa-me que envidará todos os esforços neste sentido, meu irmão!

— Ah! Diego, como éramos felizes quando crianças; corríamos pelas campinas despreocupados das maldades humanas. O mundo que conhecíamos era isento do mal. Por que crescemos? Por que tudo isto? Quero que saiba que seu filho será meu filho e tudo farei para que tenha um lar e um futuro com dignidade.

Entre lágrimas, Pablo acariciava o rosto esquálido do irmão com carinho inexcedível. Não, não podia permitir que isto acontecesse. Tinha amigos políticos e com grande influência no clero. Revolveria o mundo de cabeça para baixo, mas tudo faria para livrar o irmão da morte ignominiosa da fogueira, taxado como bruxo e herege.

— Diego – dizia entre soluços –, não quero que pense em morte. Tenho certeza de que com a influência dos meus amigos vou libertá-lo daqui, custe o que custar. Você e Soledad serão libertos e, juntamente com Antônio, voltaremos para a fazenda de papai. Vamos voltar a viver em Toledo, voltar às nossas origens como sempre fomos, em contato com as pessoas simples e humildes de nossa terra natal. Vou conseguir sua libertação, confie em mim, meu irmão!

— Ah! Pablo, você não conhece a dureza do coração daqueles que dirigem o Tribunal da Inquisição. Não perca seu tempo para comigo meu irmão. Apenas faça meu último desejo, é apenas o que lhe peço: concentre seus esforços e sua influência na libertação de Soledad e, se isto também não for possível, cuide de Antônio. Se conseguir, morrerei feliz, pois sei que além deste mundo de ilusão e sofrimento está a verdadeira pátria, onde os justos estão imunes às maldades dos poderosos da Terra. Às vezes, não sei se em delírio ou em visões, vejo belíssimas paragens espirituais, com campos floridos, aves alegres, águas cristalinas e cidades onde a paz do Senhor reina no coração dos homens. Vejo pessoas iluminadas que me sorriem, mostrandome que lá é a pátria verdadeira e para onde irei. Não, não chore por mim, pois não tenho medo da morte! Será minha libertação. Mas não demore; ouvi dizer que minha morte será apressada, pois temem que a tuberculose me leve primeiro, e que eu e Soledad seremos queimados juntos. O que mais me magoa é a saudade de meu filho! A dor da separação não se consegue esquecer e fico pensando dias e dias que meu filho crescerá sem que eu esteja por perto, para enxugar suas lágrimas quando chorar, abraçá-lo quando sofrer, ou sorrir com ele nos momentos de alegria. Esta é a maior maldade que se pode fazer ao coração de um pai: separá-lo de seu próprio filho! Seja para ele o pai que não pude ser; quando abraçá-lo, abrace-o em meu nome, como se fosse eu mesmo que o estivesse abraçando.

Era uma cena comovente. Aquelas almas tão queridas na condição de irmãos choravam abraçados. Entretanto o relógio era insensível e o tempo concedido havia já expirado. Pablo deixou a prisão inconsolável e desesperado. Nos dias que se seguiram, buscou amigos influentes. Debalde. Ninguém ousava contestar a sentença de morte já proferida por um Tribunal da Inquisição. Nem o rei ousaria. Em recurso extremo, Pablo procurou com importantes doações monetárias comover o clero, mas tudo foi em vão. Por fim, foi aconselhado a omitir-se, pois poderia também ser acusado. Seu único consolo foi ter encontrado Antônio. O filho de Diego estava assustado e doente. Pablo dedicou ao sobrinho o amor de tio, de pai e de irmão, tudo em homenagem ao pedido de seu irmão querido.

Não houve condição de recurso, nem de apelação, e a sentença foi implacável. Diego foi queimado em praça pública juntamente com Soledad e, enquanto as labaredas consumiam seus corpos físicos, suas almas eram libertas, envolvidas em torrentes de fluidos balsâmicos. Aqueles espíritos, juntamente com as caravanas de missionários do plano espiritual, voavam para o mundo da luz, onde os interesses mesquinhos dos poderosos da Terra não alcançam jamais os eleitos do Senhor.

Pablo não se conformou. Revoltou-se contra Deus, contra tudo que falasse de religião, contra a Igreja. Desiludido de tudo, planejou sua vingança. Ainda era um médico de renome e respeitado. Voltou à prática da Medicina e com a paciência de quem concentra suas energias em sua vingança aguardou anos. Não conseguia ouvir os conselhos do irmão, que nos momentos de meditação procurava demovê-lo do intento. Pablo fechou as portas de sua sensibilidade, tornando-se completamente insensível às inspirações do irmão domiciliado na pátria espiritual. Apenas Antônio, que crescia e cada dia mais se parecia com Diego, era o refrigério para a alma atormentada de Pablo.

Todos aqueles que haviam contribuído para a morte de Diego achavam que o médico havia esquecido. Pablo disfarçava muito bem o ódio mortal que agasalhava em seu coração. Alguns anos mais tarde, o filho de um dos inquisidores, adoentado, tornou-se seu paciente. Pablo procurou conquistar a confiança do pai, mas aos poucos instilava veneno nas veias do jovem, que veio a falecer alguns meses após sofrimentos atrozes. A vingança mal tinha começado. Logo, outro inquisidor caiu doente. A fama de Pablo era grande e tornou-se então o facultativo de seu inimigo oculto. No silêncio e secretamente, Pablo inoculava veneno, que o matava aos poucos; mas, por outro lado, o médico através de sangrias procurava prolongar a vida do algoz de seu irmão, satisfazendo-se com seu sofrimento. Dessa forma, após seis meses de tratamento e sofrimento contínuo, levou-o irremediavelmente ao túmulo.

Em seu íntimo, sentia-se triste, mas o desejo de vingança falava mais alto. Como que por uma determinação fatídica, um a um os responsáveis pela condenação de Diego passaram pelas suas mãos. Alguns Pablo levou à loucura com drogas violentas que ele aprendera a manipular em seu laboratório, outros à morte lenta e impiedosa. Mantinha, entretanto, um certo sentimento de tristeza, pois tinha consciência de que em sua sanha de vingança sacrificara algumas vidas inocentes, a dos filhos que não tinham culpa. Mas não mais poderia parar e dessa forma seguia em frente em seus objetivos. Sua vida não mais tinha espaço para sonhos ou felicidade, apenas ódio e desprezo pela Igreja, que considerava falsa, e pelos religiosos que pregavam as virtudes, mas praticavam o pecado e promoviam a morte.

Antônio já era moço, bonito, inteligente, manifestando-se um espírito de qualidades morais elevadas e desde cedo demonstrava, a exemplo do pai, desejo de servir os menos favorecidos da sorte, ingressando na Ordem Franciscana, apesar da contrariedade de Pablo, que desejava que o sobrinho também se tornasse médico.

Pablo se isolava cada vez mais em sua dor espiritual, afastando-se completamente da esposa, que sofria em silêncio com as loucuras do marido. Guadalupe sentia-se cada dia mais desesperada, pressentindo-se perseguida por adversários invisíveis e cruéis. Eram os inimigos que Pablo mandara ao túmulo, que não encontrando em sua mente campo de atuação se vingavam da esposa do médico. Guadalupe foi à loucura e, como que por castigo, ingeriu inadvertidamente um dos venenos que Pablo deixara em um frasco, desencarnando em meio de agonia e sofrimentos profundos. Sem ninguém, e sem razão para continuar vivendo, Pablo acabou por fim sendo vítima de sua perseguição, pois seus inimigos acabaram por atingi-lo, enlouquecendo, e sendo internado em um hospital psiquiátrico, onde encontrou sua morte física depois de anos de tormentos inomináveis.

No plano espiritual, longo período de sofrimento e purgação. Sofreu nas mãos de espíritos inescrupulosos e sanguinários que ele mesmo despachara para as zonas purgatoriais. Alguns anos de sofrimento, libertou-se de seus perseguidores, mas seu coração continuava impermeável aos apelos de Diego, que procurava resgatá-lo, mas em vão.

O tempo passou e Pablo reencarnou no Brasil-colônia, no início do século XVIII, herdando aos trinta anos de idade imensa propriedade de seu pai, tornando-se então poderoso senhor de engenho, sob a figura do temido Barão do Engenho Novo, em virtude de suas propriedades, das plantações de cana-de-açúcar e dos prósperos engenhos que possuía. Reencontrou novamente seus desafetos, mas o irmão de Diego ainda não havia aprendido a perdoar. Tinha dinheiro e poder e dessa forma aniquilou alguns inimigos, castigou à revelia infelizes escravos que, prisioneiros do destino, trabalhavam a mando do

Barão, que se servia de três feitores de sua confiança. Eram homens cruéis e os laços que os uniam ao patrão eram de ódio, mas no íntimo se satisfaziam em obedecer-lhe as ordens, na concretização do sofrimento aos pobres seres vítimas da crueldade humana, sob o regime da escravidão nefanda.

Aqueles homens, na condição de feitores na fazenda de Pablo, tinham um ponto em comum: o ódio que nutriam pelo patrão e em certa ocasião prepararam um acidente com o cavalo do Barão. Ao arrear o animal, deixaram os laços que prendiam a barrigueira frouxos e, escondidos na vegetação, assustaram o animal. Distraído, o Barão sofreu queda formidável e seu pé ficou preso ao estribo, sendo arrastado pelo animal em disparada por longo espaço de terreno acidentado, sob as vistas dos feitores, que antegozavam o fim do inimigo de outras eras. O Barão foi encontrado morto no fim do dia, com o pescoço quebrado e várias fraturas pelo corpo.

O acontecimento foi tido como natural. O crime ficou encoberto, mas de volta ao plano espiritual Pablo não perdoou seus algozes, que na verdade eram seus inimigos da Espanha Inquisitorial, reencarnados, que ele havia assassinado na condição de médico, para vingar o seu querido irmão.

O Barão deixou dois filhos já moços, que eram a paixão de sua vida: André e Marco Antônio. André era na verdade Diego, reencarnado, e Marco Antônio era seu filho Antônio. Ambos eram muito diferentes da personalidade paterna. O dinheiro e o poder não os seduzia e a missão de ambos era recuperar Pablo para Cristo, pois o acidente do animal tinha a finalidade de torná-lo paraplégico, ficando assim imobilizado e suscetível aos ensinamentos de André e Marco Antônio. A missão dos feitores era perdoar o inimigo do passado, envidando esforços no sentido de salvá-lo, mas não resistiram e o ódio falou mais alto. Ao invés de promover sua salvação, contribuíram para sua morte.

Todos admiravam que, em determinados momentos da vida, o Barão, homem duro e cruel, era capaz de manifestar sensibilidade de alma, quando estava na presença dos filhos, demonstrando amor e carinho, incompatíveis com suas atitudes, o que demonstrava que seria capaz de mudar com auxílio dos filhos que ele tanto amava.

Após a morte do pai, André se dedicou à fazenda, libertando os escravos e aliando-se ao movimento abolicionista, lutando com a convicção de que Deus não poderia concordar com a escravidão humana. Seu irmão, Marco Antônio, buscou na religião o seu trabalho com Cristo, na catequese aos silvícolas em terras distantes. Marco Antônio faleceu cedo, em meio a intenso trabalho em favor dos desvalidos e das comunidades carentes, vencido pela febre palustre no interior das selvas de Mato Grosso.

André viveu até o final do século, tendo a alegria de ver coroada de êxito a causa por que tanto lutara: a completa alforria dos escravos, em 1888. De retorno à pátria espiritual, Marco Antônio o recebeu na casa do Pai com alegria de irmãos espirituais que se reencontram. A condição espiritual de ambos, por serviços em nome de Jesus, conferia-lhes importante folha de créditos, de forma que Diego e Antônio intercederam em favor de Pablo. Após longo período de preparação, ei-los novamente no plano da matéria.

Diego ainda trazia em sua alma resquícios de experiências levadas a efeito em recuadas existências, quando vivera na Indochina como mago e aprendera, no manejo de forças da natureza, a manipulação de energias perigosas que o iniciado não soubera usar com sabedoria. Esta ainda era uma mancha que persistia em sua túnica espiritual, apesar de sua condição de espírito evoluído, de forma que requereu ao Plano Espiritual Superior a permissão de novamente reencarnar com Pablo, e, através da moléstia incurável, alcançar sua redenção; ao mesmo tempo, pelo amor que os unia, trazer seu irmão para o Cristo. Enquanto isto, Antônio permaneceria no Plano espiritual, como mentor e anjo da guarda de ambos.

As vidas sucessivas e a permuta espiritual nas experiências da carne é constante em nosso aprendizado no caminho da evolução. Os nomes se sucedem, os personagens vestem roupas diversas, mas o espírito eterno continua sempre o mesmo em sua marcha rumo à ascensão espiritual. As almas amigas se reencontram, bem como necessariamente se defrontam com os inimigos para a devida compensação dos prejuízos de alhures.

Dessa forma, aquele que em Roma foi Sérgio Paulo, na Espanha foi o mesmo Diego que morreu na fogueira da Inquisição, viveu no Brasil-colonial como André e apresenta-se agora como Thiago. O velho senador romano Aulus, foi seu irmão Pablo e agora retornou como seu amoroso pai. Almas queridas, unidas há séculos por sentimentos sagrados de afeição pura, Gustavo por amor a seu filho reencontra-se novamente consigo mesmo para Jesus! O esforço e a abnegação do filho não poderiam isentar seu pai querido do sofrimento da loucura, nem das seqüelas das drogas a que foi submetido em seu tratamento, através dos antidepressivos, pois a culpa do passado requeria o devido resgate. Se Thiago já aprendera desde há muito soletrar as letras do alfabeto de Cristo, era necessário que o velho senador romano também pudesse trilhar o caminho de Jesus, desvencilhando-se de suas mazelas e despindo-se de seu ódio e revolta. Isto justificava plenamente o sacrifício de Thiago por amor àquele espírito irmão.

Fabíola foi sua esposa Helena, na velha Roma; Guadalupe, a esposa incompreendida, e nesta existência é Fabíola, a companheira dedicada. Luciana foi Claudia, a irmã de Sérgio Paulo, e Paulo, do Grupo de Jovens, é a reencarnação de Caio Graco. Novamente estarão se reencontrando, prosseguindo assim as experiências sagradas na jornada evolutiva para

Jesus! Belíssima missão no espiritismo cristão os aguarda para regozijo da espiritualidade, que conta com este apoio e suporte na recuperação de Gustavo.

Valéria, a esposa de Sérgio Paulo, veio como sua companheira dedicada na Espanha, na roupagem de Soledad. Espírito com importantes conquistas no campo do amor e caridade, aguarda Thiago para juntos reencarnarem, dando prosseguimento no amor e na caridade na Seara de Jesus. Thiago virá como neto de Gustavo, filho de Luciana e Paulo. Soledad será a filha de Antonina e Felipe, que em breve se casarão. Felipe sempre pertenceu ao Grupo de Jovens e em breve, após seu casamento, retornará atuante como sempre fora, reencontrando-se com Gustavo, de quem guarda afinidades de outras existências. Em Roma, Felipe foi o pai de Caio, Lívio Tito, o amigo de Aulus, e Antonina era sua esposa.

Eu estava atônito diante das revelações de Valérius. Então Felipe e Antonina faziam parte do círculo de espíritos afins da velha Roma? Então quem eram Alcebíades e Libório?

Valérius respondeu-me com um sorriso bondoso:

— Alcebíades e Libório foram dois importantes conselheiros de César, que perpetraram barbaridades e se compraziam com as loucuras de Nero. Inimigos de Lívio Tito e Aulus, terão em breve a oportunidade de reencarne como filhos de Antonina e Felipe. Virão com sérios problemas congênitos, requerendo no palco reencarnatório em que se situarão o apoio necessário para o devido reajuste.

Minha cabeça dava voltas. Meu Deus, pensava comigo mesmo, quantas lutas, quantos séculos são necessários para que possamos aprender a soletrar as primeiras sílabas do alfabeto de Jesus! Por que tanto sofrimento, meu Deus? Por que o ser humano ainda necessita da guante da dor para compreender, na escola do mundo, que o amor e o perdão são o princípio de tudo? Recordei Jesus que, quando questionado sobre o maior mandamento, dissera: *"Amarás ao Senhor teu Deus de todo coração, de toda tua alma, e de todo teu entendimento"* e o segundo mandamento, tão importante quanto o primeiro: *"Amarás ao teu próximo como a ti mesmo". "Estes dois mandamentos contêm toda Lei e os profetas"*, concluíra o Divino Mestre.

Tudo se encaixava perfeitamente e podia compreender que o espírito eterno em sua jornada se prepara, às vezes durante séculos, mas num momento de invigilância e fraqueza coloca tudo a perder, malogrando em oportunidades maravilhosas de reajuste. Mas, pela bondade e misericórdia do Pai Amantíssimo, nada se perde, pois mesmo os corações mais empedernidos terão seu dia de regeneração para o Cristo. O Senhor dos Séculos aguarda pacientemente; para Deus, os milênios não têm significado. O que é o tempo para o Senhor do Tempo?

Observei bem o Assistente Valérius, que pelas evocações daquele passado distante parecia muito emocionado. Os olhos do querido amigo estavam orvalhados e eu respeitei o silêncio natural que se estabeleceu, com o final da explanação. Entretanto, pensei, faltava ainda a revelação a respeito de um dos personagens: Quem era Lucius, o filho de Sérgio Paulo? E Antônio, o filho de Diego? Questionei o Assistente, que com um sorriso bondoso me esclareceu:

— Lucius, neto de Aulus, filho de Sérgio Paulo, foi também na Espanha Antônio, o sobrinho de Pablo, filho de Diego. O rapaz encontrou no desprendimento da vida monástica o verdadeiro sentido da vida, entregando-se ao Evangelho de Jesus, indo ao encontro dos tristes e dos aflitos, dos deserdados da sorte, dos doentes e dos desesperados. Diego, em espírito, era seu mentor e o inspirava nos momentos difíceis, para não se afastar dos caminhos de Deus. Quando desencarnou, foi ele, juntamente com Diego, um espírito que auxiliou nos trabalhos aos irmãos em desespero nas regiões purgatoriais; um missionário para resgatar, entre tantos, o espírito sofredor de Pablo e preparar, finalmente, o reencarne do Dr. Gustavo, para promover o reencontro de seu coração com Cristo Jesus!

Eu estava satisfeito e comovido. Pedi ao Assistente Valérius licença para dar um passeio nos jardins do Recanto da Paz. Necessitava refletir nos mistérios insondáveis da alma humana em sua jornada evolutiva, nas noites dos séculos.

Um novo resgate

Depois de muitos arrazoados com seu pai e sua mãe, Felipe ponderou e tomou uma decisão, após um encontro aparentemente fortuito com Paulo, seu antigo amigo do Grupo de Jovens.

Apesar dos conselhos de seu gerente, do Sr. Artur e de Dona Celina, o jovem ainda titubeava na melhor decisão a tomar: estava tentado a ficar na empresa em São Paulo, mas a proposta do Sr. Camargo o seduzira. Imaginava suas possibilidades de progresso profissional e pensava, naturalmente, na remuneração compensadora. Sonhava em vencer rapidamente, para oferecer a Antonina, além de seu amor, também o conforto que a compensasse pelos sofrimentos impostos pela vida. Queria ser feliz e fazê-la a mulher mais feliz do mundo.

Naquela sexta-feira, ficou no escritório até mais tarde, para concluir um relatório para a matriz nos Estados Unidos. Seu gerente e amigo, José Carlos, por solidariedade ao subordinado resolveu também ficar de forma que, quando o trabalho foi concluído, saíram. José Carlos convidou-o para tomar um café, ao que Felipe aquiesceu de bom grado.

— E então, Felipe – começou com cordialidade José Carlos –, já tomou uma decisão?

— Para ser sincero, ainda não, José Carlos. Embora meus pais sejam contra, estou propenso a aceitar a proposta do Sr. Camargo. Ainda esta semana ele me telefonou insistindo.

— Olhe, Felipe, eu gosto muito de você, não apenas como bom profissional que é, mas também como pessoa. Pense bem e faça o que seu coração mandar. Se efetivamente resolver ir para o interior, será uma pena, mas temos que respeitar sua decisão. Imagino que não será nada fácil para você, mas não esqueça que a vida no interior é bem diferente de São Paulo. Em pouco tempo você irá sentir falta de toda esta agitação.

— Concordo com você, José Carlos. Mas por outro lado, não se esqueça que estarei ao lado da pessoa que eu amo e com quem pretendo me casar em breve. Além do mais, no interior existe mais qualidade de vida. Acho que realmente sentirei falta desta agitação toda, mas também entendo que terei mais tranqüilidade e tempo para me dedicar à família e às atividades espirituais, das quais estou ausente há tempos.

A conversa se estendeu. Quando José Carlos verificou no relógio, era quase meia-noite. Despediram-se. Felipe sentia muita afinidade pelo superior. Sabia que era sincero e que desejava seu bem, em termos pessoais e profissionais. Ia perdido em seus pensamentos até o estacionamento para apanhar seu carro. Era uma fria noite de inverno e, particularmente naquela, um vento gelado cortava pelas ruas desertas, quando o rapaz parou num farol. Observou que nas calçadas e embaixo de um viaduto mendigos enregelados em torno de uma fogueira eram assistidos por um grupo de samaritanos que oferecia sopa.

Num instante, recordou o tempo em que saía com o Grupo de Jovens para assistir os deserdados do mundo, como aqueles que, naquele instante, atendiam os infelizes irmãos. Sentiu saudades, percebendo que havia mudado muito. Antes era sensível aos problemas dos tristes e dos aflitos, mas nos últimos tempos nem recordava que nas noites frias, enquanto estava tranqüilo e confortado nos cobertores aquecidos de sua espaçosa e macia cama, quantas criaturas morriam de frio, nas intempéries e pela insensibilidade dos corações humanos.

De repente, como que impelido por uma força maior, sem poder explicar seu impulso, estacionou o carro no meio fio e desceu. Aproximou-se do grupo, desejoso de participar daquela tarefa que tantas recordações traziam ao seu coração ávido do reencontro com seus princípios. A surpresa do momento foi inesquecível para Felipe: era o grupo de Paulo que socorria os desvalidos do caminho.

— Felipe, meu irmão querido – exclamou com emoção incontida Paulo. – Como é bom vê-lo de novo!

Felipe tomado de emoção chorou abraçado ao companheiro de ideal.

— Paulo, meu querido irmão! Mesmo que queiramos, não conseguimos nos separar. Como é bom reencontrar você. Não imagina como sinto a falta de tudo isto, de nossas atividades, de nossos velhos tempos. Mas tenho certeza de que não foi o acaso que nos colocou no mesmo caminho novamente.

— Continuemos a tarefa com o grupo, Felipe – convidou Paulo. – Tem muita gente boa conosco que você ainda não conhece. Venha, vou apresentar-lhe.

Os jovens estavam felizes. Eram almas queridas, cuja alegria era servir em nome do Cristo, auxiliando os necessitados à margem da vida.

Felipe estava exultante. Parecia-lhe haver resgatado, naquele encontro, um pedaço de si mesmo, que considerava perdido para sempre.

— Ah! Este eu conheço. É nosso querido Álvaro. Aquele é o Alfredo e a Marina. Mas quem é aquele senhor?

— Aquele você ainda não conhece, mas vou apresentá-lo. É um médico que estava à beira da loucura, mas graças a Deus recuperou-se, e hoje é um dos trabalhadores mais dedicados de nosso grupo. É o Dr. Gustavo, e aquela jovem é sua filha, Luciana.

Dizendo isto, como que querendo segredar algo ao amigo, Paulo estendeu a mão sobre o ouvido de Felipe e falou baixinho, com receio que alguém ouvisse:

— Felipe, Luciana é a paixão de minha vida. Acho que ela também gosta de mim, mas ainda não tive coragem de me declarar. O que você acha?

O rapaz sorriu com cumplicidade e replicou:

— Eu também tenho um segredo para contar: estou apaixonado por uma moça que mora no interior. Chama-se Antonina. Vou me casar em breve, Paulo. Mas, olhe, vou lhe dizer uma coisa: eu estava em dúvida em relação a uma decisão a tomar, mas este nosso encontro me ajudou a decidir. Vou permanecer em São Paulo e me reintegrar em nossas atividades. Paulo, quero lhe pedir uma coisa.

— Fale, Felipe, é só pedir. De que se trata?

— Eu tenho uma estratégia para facilitar seu namoro com Luciana, mas terá que ser meu padrinho de casamento. Primeiramente os apresente para mim e deixe o resto por minha conta. Faremos amizade e, daqui a uns dias, direi que quero que você e ela sejam meus padrinhos de casamento. O que acha?

Paulo sorriu com a espontaneidade do amigo. Claro que concordava com aquela proposta, mas daí a dar certo era outra história.

— Não se preocupe, confie em minha intuição – respondeu Felipe, sorrindo.

Assim fizeram. Paulo apresentou Felipe ao Dr. Gustavo e a Luciana. Felipe em sua sensibilidade peculiar apertou a mão estendida do médico. Sentiu um estremecimento e a sensação indefinível de emoção inexplicável, como se naquele momento estivesse reencontrando uma alma amiga e muito querida do passado. Felipe ficou estático, mas foi o médico quem tomou a iniciativa do diálogo:

— Muito interessante, Felipe. É a primeira vez que nos encontramos, mas tenho viva sensação de que já o conheço de algum lugar; como poderia explicar isto?

Paulo estava feliz com a afinidade manifestada pelos amigos. Este já era um bom começo, pensou. Em seguida, deu sua opinião, de acordo com seu entendimento:

— Não tenha dúvida, Dr. Gustavo, que esta sensação de que o senhor já conhece Felipe é em função de vidas passadas. Acredito piamente que este é apenas um reencontro nesta existência. Com certeza, já vivemos juntos experiências em vidas passadas. Possivelmente, podemos ter sido amigos e agora nos reunimos para o trabalho em nome de Jesus!

Felipe estava pasmo; o médico tivera a mesma impressão que ele. Isto não ocorrera por acaso. Meio sem jeito comentou:

— Olhe, Paulo e Dr. Gustavo, devo confessar que também guardo a viva impressão de que o senhor é alguém que eu conheço há muito tempo. Este para mim é um sinal que eu precisava. Na verdade, Paulo, eu estava dividido para tomar uma decisão, pois deveria mudar-me para o interior. Este nosso encontro não foi por acaso e, neste momento, tenho plena convicção de que devo ficar mesmo aqui em São Paulo. Este é meu lugar e vou retornar às atividades espirituais, reintegrando-me nos trabalhos dos quais me afastei.

Felipe estava emocionado, convicto de que aquele reencontro com o Grupo de Jovens liderados por Paulo, e o fato de ter conhecido o Dr. Gustavo, tinham um significado importante.

E assim, felizes, aquele punhado de jovens de boa vontade deu prosseguimento ao atendimento da noite, com Felipe integrando-se na pequena comitiva de trabalhadores de Jesus.

Seis meses se passaram.

Minha missão estava praticamente chegando ao fim. Confesso que já começava a sentir um nó na garganta, pois sabia que em poucos dias estaria partindo para outra tarefa que me aguardava e, dessa forma, estaria despedindo-me de Valérius e dos demais amigos da Mansão dos Jovens. Embora soubesse que estaríamos sempre em contato, por força de nossas atividades, as despedidas sempre me deixavam triste.

Naquela noite estava reunido com o Assistente Valérius, analisando os apontamentos levados a efeito, a respeito dos problemas que afligem com mais intensidade nas dúvidas e incertezas vividas pelos jovens. Valérius me informava, naquela ocasião, que se encontrava em andamento um grande trabalho de conscientização a ser levado pelo plano espiritual, visando alertar os jovens à respeito das drogas e outros vícios, que lamentavelmente provocavam perdas prematuras de muitas vidas preciosas.

— O ser humano foi criado por um ato de amor do Criador, que nos deu através do sopro da vida a oportunidade maravilhosa de existirmos! Simples e ignorantes, no início de nossa jornada evolutiva, agíamos através dos instintos, para que houvesse a garantia da preservação da espécie. Evoluímos, adquirindo através dos séculos incontáveis o conhecimento e o uso da razão. Por fim, conquistamos o livre-arbítrio, como sinal de nosso amadurecimento e maioridade e, dessa forma, o Pai permitiu que pudéssemos ser donos de nossos atos. Ter livre-arbítrio significa que podemos escolher entre trilhar o caminho do bem, ou escolher espontaneamente o caminho errado, conscientes de que somos responsáveis por nossas atitudes e de que vamos responder pelo que fizermos, já que temos o Evangelho do Cristo e o discernimento entre o que é certo e o que é errado. Existem sempre os atenuantes e os agravantes, de acordo com a condição evolutiva de cada um, mas ninguém pode alegar ignorância da Lei, pois Jesus esteve entre nós há dois mil anos! O Senhor nos alertou: *"Conheça a verdade e a verdade te libertará"*, mas ainda continuamos presos à sombra de nossa indolência e de nossa ignorância e, lamentavelmente, ainda buscamos o caminho mais fácil das portas largas, que leva à perdição. O que realmente falta ao homem moderno é fé no coração e religiosidade sincera. Não importa qual seja o credo; o importante seria que tivesse mais amor no coração e confiança em Deus, reconciliando-se consigo mesmo e com seus irmãos. Infelizmente o ser humano de um modo geral se afastou demasiadamente de Deus, olvidou suas responsabilidades de pai, de irmão e de cidadão, vivendo num mundo cada vez mais competitivo em que ainda tem que pagar pesados tributos ao reinado de César. Quando são chamados para dar sua contribuição em favor de Deus, poucos se dispõem a arregaçar as mangas e botar as mãos na charrua. Com raras exceções, ainda deixamos nossos filhos crescerem sem educação e sem respeito, mantendo-nos ausentes em demasia e, ao descobrirmos que se perderam nos caminhos tortuosos e se afundaram nos pântanos do mundo das drogas, nos entregamos ao desespero. Muitas vezes, infelizmente já é tarde, pois os prejuízos podem ser irreversíveis e as seqüelas irrecuperáveis. Os pais certamente serão chamados à responsabilidade no momento aprazado e, quando o Senhor lhes perguntar: *"O que fizestes dos filhos que te confiei, para que os conduzisse no caminho do bem e do amor?"*, o que poderão responder?

Eu ouvia com atenção a dissertação do generoso mentor, enquanto fazia meus apontamentos para que a mensagem de Valérius fosse registrada com fidelidade. O assunto era extremamente sério e enorme a responsabilidade dos pais. Valérius continuou:

— Meu querido Virgílio, não se esqueça de mencionar em suas anotações, para que as consciências sejam despertadas para esta tragédia que assola a juventude em nossos dias. Quem são as maiores responsáveis? As autoridades que ainda vacilam em atitudes profundas e sérias? Os pais que abdicam do amor e da educação de seus filhos? A sociedade que de um modo geral se tornou excessivamente permissiva? Na verdade, Virgílio, todos somos responsáveis, mas maior responsabilidade é do pai que negligencia na educação e na formação moral de seus filhos. Enquanto não houver um estado de consciência sadia de que educar não significa tolher o livre-arbítrio, nem podar a iniciativa de nossos filhos, estaremos como um pêndulo, na maioria das vezes dando liberdade demais a quem ainda não tem condições de tomar decisões, ora nos omitindo, o que é mais fácil, ora endossando atitudes reprováveis de nossos filhos, fazendo vistas grossas para atitudes graves, ora não tomando conhecimento nem acompanhando de perto sobre o que acontece no mundo que eles estão descobrindo, envolvendo sexo, drogas e as companhias.

A boa formação começa desde a gestação e prossegue vida afora. Não podemos nos esquecer que na infância a criança assimila os exemplos que observa ao seu redor, particularmente dos pais e do círculo em que se situa. Como pais, não podemos em nenhuma hipótese negligenciar tamanha responsabilidade. Não adianta dar o corretivo aos filhos que já se encontram na fase da puberdade, pois aí praticamente já incorporou a sua personalidade, que traz como bagagem de espírito eterno pelos exemplos que catalogou, dando forma à sua nova personalidade. Devemos ter em mente que a criança é como uma planta tenra e frágil: necessita de adubo e ser regada, com amor e carinho, mas à medida que seus galhos crescem desordenados, o bom jardineiro efetua a poda no momento propício. A planta cresce forte e saudável, dando belas flores e bons frutos. Assim deveria ser também a educação de nossos filhos. Devemos obrigatoriamente dar amor, atenção e carinho, mas, no momento certo, devemos podar as tendências negativas que afloram, à medida que crescem, sempre com amor, mas acima de tudo com a autoridade que nos foi confiada pelo Pai Maior!

Não podemos esquecer que nossos filhos, com raras exceções, são espíritos necessitados de aprendizado, que vêm até nós solicitando nosso amparo e auxílio. Nossa missão é educá-los e não deixá-los seguirem ao léu, livremente dando vazão aos seus instintos com nossa conivência. Os jovens de hoje são o reflexo da educação que receberam, de um período de inversão de valores, de deterioração de costumes, mas, apesar de tudo, vemos que ainda existem bons exemplos a serem seguidos, como a juventude que busca a alegria em Cristo, independentemente do credo religioso. Muitos rirão dizendo: são carolas, beatos, estão por fora, são quadrados. Apenas lamentamos que muitos jovens *"avançados"*, *"por dentro do lance"*, *"da hora"*, cedo acabarão descobrindo na *via crucis* da dor o terrível engano a que se submeteram, por abandono da educação paterna; todo o princípio vem no seio do lar, que deveria ser o ambiente sagrado do recolhimento familiar e, muitas vezes, torna-se palco das batalhas pessoais do egocentrismo exacerbado.

Notei que o Assistente falava com emoção. Seus olhos estavam úmidos de lágrimas que não chegavam a correr e eu respeitei seus sentimentos, não ousando interromper sua explanação. Nesse instante, aproximou-se o Dr. Flamínio, informando:

— Assistente Valérius, acabou de chegar à Mansão dos Jovens um grupo de três jovens recém resgatados das regiões purgatoriais. Gostaria de acompanhar o processo de internação?

Eu já conhecia todo processo, mas acompanhei o Assistente e o Dr. Flamínio para a recepção. Valérius adiantou-se a nós, de forma que aproveitei para questionar o facultativo:

— É sempre assim, Dr. Flamínio? Valérius está sempre presente na recepção aos resgatados?

— Sempre foi assim, Virgílio. Valérius já está à frente desde a criação da Mansão dos Jovens há mais de quarenta anos. A Espiritualidade Superior entendeu que havia necessidade de que houvesse uma Unidade de Terapia para tratamento dos jovens drogados no plano espiritual, considerando as graves conseqüências espirituais decorrentes da ação da droga, mormente nos delicados tecidos do corpo perispiritual. Valérius assumiu a direção da casa com dedicação e carinho. Particularmente nas duas últimas décadas o trabalho se intensificou, devido ao grande aumento de pacientes desencarnados por problemas de vícios, particularmente dos tóxicos. Valérius sempre esteve à frente, incansável, recepcionando cada necessitado tal qual um pai recebe um filho.

Quando chegamos à recepção, os rapazes já estavam acomodados. O Assistente aproximou-se de cada um e abraçou-os. Os jovens de olhos esgazeados e ainda sem consciência exata do que ocorria correspondiam ao abraço de Valérius.

— Carlos, Henrique, Rodrigo, meus filhos queridos! Como foi longa a noite de sofrimento, mas pela graça de Deus aqui estão vocês. Pela graça do Cristo, um novo dia recomeça, para justos e injustos, para os crentes e também para os descrentes. Sempre há um novo amanhã na glória do Senhor!

Eu me encontrava surpreso. Que segredo guardava o Assistente? Quem era Valérius? Quem eram aqueles rapazes que aportavam à Mansão dos Jovens?

As lições do dia estavam encerradas e, enquanto os três jovens eram encaminhados para as unidades de tratamento, saí para o lado de fora da Mansão desejoso de respirar o ar fresco da madrugada. As estrelas tremeluziam no firmamento e uma fresca brisa tocava meu rosto. Fechei os olhos por um instante e em prece agradeci a Deus aquele momento sublime, enquanto sentia que meu corpo perispiritual recebia um influxo energético das esferas superiores, proveniente de minha ligação no momento da prece. Retornei ao meu domicílio, esperando novo dia, que não tardaria a vir na eterna graça do Criador!

As aves do céu e os lírios do campo

No dia seguinte, dirigi-me à Mansão dos Jovens. Valérius recebeu-me com um afetuoso abraço. Notei que o querido benfeitor estava extremamente atarefado, de forma que procurei não interferir em suas atribuições. Entretanto, o Assistente já havia buscado alternativas para que eu prosseguisse em meu aprendizado. As alas estavam lotadas e requeriam sua constante atenção, bem como do Dr. Flamínio, que se desdobrava no atendimento.

— Virgílio, hoje quem irá acompanhá-lo é nosso querido Thiago. Tenho certeza de que poderá esclarecer ainda muitas de suas questões. Fique à vontade, querido irmão!

O tratamento dispensado por Valérius era espontâneo e sem afetação. Sorri agradecido enquanto Thiago se aproximou. O filho do Dr. Gustavo apresentava-se como um jovem com aparência de mais ou menos dezoito anos, conservando, entretanto, a fisionomia que tivera em sua última existência. Sua aura estava radiante, própria dos espíritos que conquistaram a elevação. Com extrema simplicidade, cumprimentou-me respeitoso:

— Bom dia, Irmão Virgílio. Nosso Valérius incumbiu-me da responsabilidade de acompanhá-lo. Perdoe-me, pois não sei se estarei à altura da confiança depositada.

Abracei Thiago emocionado. Sabia que era um espírito de grande envergadura espiritual, mas apresentava-se com a simplicidade própria dos grandes espíritos.

— Thiago, eu é que gostaria de agradecer por esta oportunidade! Se Valérius lhe confiou esta responsabilidade, é porque o conhece muito bem. Mas acho que o Assistente teve um propósito, ao indicar-lhe para me auxiliar em meus apontamentos, pois tenho algumas perguntas que, por uma questão de respeito, não formularia a Valérius. Com você fico mais à vontade.

— Disponha, Irmão Virgílio. Se puder auxiliá-lo...

— Desculpe-me, Thiago, mas ontem, quando aqui aportaram Carlos, Henrique e Rodrigo, uma dúvida me assaltou: quem eram aqueles jovens? Qual a ligação entre eles e o Assistente? Quem é o Assistente? Valérius certamente compreenderá a necessidade do esclarecimento e, no momento certo, perdirei perdão pela minha intromissão.

— Ora, Irmão Virgílio, esta é uma questão de somenos importância. Valérius sabia de antemão a respeito de suas dúvidas e, por esta razão, escalou-me hoje para que o esclarecesse devidamente a este respeito. Valérius foi meu filho em nossa velha e querida Roma de nossos pesares e de nossos pecados. Como você já sabe, eu fui Sérgio Paulo, filho do senador Aulus e Valérius foi o meu filho, Lucius. Os laços que nos unem são provenientes de eras remotíssimas e nossa trajetória, ao longo dos séculos, apenas se solidificou ainda mais. Na Espanha, eu fui Diego, irmão de Pablo, e Valérius foi Antônio, o filho querido que não pude ver crescer, pois encontrei a morte na fogueira da Inquisição.

Valérius, na figura de Antônio, espírito já temente a Deus e por amor ao Cristo, encontrou sua paz na vida religiosa, enquanto Pablo buscava sua vingança, envenenando os filhos de seus inimigos, instilando-lhes venenos que os levaram lentamente ao túmulo. Pablo conquistou inimigos mortais que o acompanhariam no além, numa perseguição cruel e sem fronteiras.

Embora eu procurasse demover meu irmão Pablo de sua vingança, não obtinha sucesso, pois sua mente estava com pensamentos cristalizados em seu objetivo e dessa forma não oferecia campo para idéias felizes ou para as inspirações que eu procurava debalde transmitir. Assim os anos se passaram.

Quando reencarnamos no período do Brasil-colônia, tínhamos uma missão a cumprir, e uma delas era recuperar Pablo, então nosso pai, o temido Barão, para Cristo. Eu como André e Antônio, que fôra meu filho, naquela época sendo meu irmão, Marco Antônio.

Papai reencarnou no início da década de 50. Eu reencarnei trinta anos mais tarde, como seu filho Thiago. Meu filho querido, o mesmo Lucius da antiga Roma, que posteriormente havia recebido o nome de Antônio, na Espanha, e depois Marco Antônio, no Brasil, não reencarnou: permaneceu na espiritualidade para cumprir importante tarefa em obediência às determinações de ordem superior, bem como nos acompanhar em nossa existência, dando-nos amparo e inspiração nos momentos difíceis e de dor. Estou falando de Valérius, que com sua sensibilidade de alma procurava reconciliar os antigos desafetos do passado e, ao mesmo tempo, auxiliar papai em sua redenção. Dessa forma, patrocinou também o reencarne dos três feitores, que haviam contribuído com a morte de papai.

Seu carinho com os três irmãos desvirtuados do caminho foi intenso. Infelizmente, os três manifestavam em sua personalidade tendências extremamente negativas, que seus pais terrenos não valorizaram. Viveram com liberdade e sem responsabilidade. Entregaram-se aos vícios e às drogas com a complacência de seus pais terrenos e, em uma noite de grande embalo, depois de muita bebida e drogas, o carro dirigido por Henrique espatifou-se em um poste, tendo os três morte imediata.

Quando aportaram para o lado de cá, apresentavam-se em condições espirituais lamentáveis. Após longos anos de purgação no Vale das Sombras, sempre acompanhados por Valérius, foram finalmente resgatados, para alegria de todos nós. Como pode observar, Irmão Virgílio, os laços santificados do sentimento daqueles que amam não se perdem, nem no tempo, nem no espaço. O mal é transitório, mas o amor é eterno.

Eu estava extremamente impressionado com a narrativa de Thiago. Valérius fora aquele que na luz do Cristo, juntamente com Thiago, trilhou nas noites dos séculos infindáveis o caminho do amor, para juntar no aprisco do Criador as almas queridas, que se desviaram do caminho.

Olhei com emoção para Thiago. O filho do Dr. Gustavo adquiria à minha visão nova dimensão de sua espiritualidade. Pensei nos mistérios da criação divina, nos laços de amor, santificados, que unem os espíritos em sua jornada evolutiva, rumo à perfeição. Quantas batalhas enfrentadas, quantas dores e sofrimento, quantas alegrias partilhadas, quantas lutas do espírito em sua ascensão em direção a Deus. Recordei um ensinamento que dizia que o espírito em sua jornada se assemelha a um rio: no início, pequeno e incipiente em sua nascente, avançando de forma imperceptível. Em sua jornada, junta-se a outros filetes de água, crescendo gradativamente e conquistando espaço. Segue em frente contornando os obstáculos, fertilizando o solo por onde passa, contribuindo para o progresso, ou simplesmente arrasando tudo em forma de enchentes. Prossegue adiante, recebe contribuições que o agigantam cada vez mais, até atingir o infinito do oceano, que o acolhe, como parte do todo. Assim é a alma humana: em sua jornada evolutiva, cresce, agiganta-se, aprende, divide experiências, aprende a contornar os obstáculos até se reintegrar ao Pai Criador, quando atinge os páramos da perfeição. De Deus nós viemos e a Deus um dia retornaremos, para Glória do Pai.

Mais seis meses se passaram.

Felipe se havia reintegrado ao movimento do Grupo de Jovens do Centro, sendo juntamente com Paulo e com o Dr. Gustavo um dos integrantes mais atuantes, para alegria de Dona Celina e do Sr. Artur. Antonina e Ismael já haviam retornado e o casamento estava marcado para aquele sábado. Paulo estava feliz juntamente com Luciana. O artifício de Felipe havia surtido efeito, pois serviu de pretexto para que Paulo adquirisse coragem para pedir a filha de Fabíola em namoro. O médico vivia um período de bonança e felicidade, porque sentia muita estima por Paulo, e a amizade espontânea de Felipe trazia-lhe um sentimento de nobreza de espírito, que estava adormecido em seu coração, e, agora, novamente despertado. Sua sensibilidade mediúnica aflorava-se de forma muito intensa, o que permitia que identificasse de imediato a presença do filho, nos momentos de oração e trabalho.

Às vezes, em sonhos, via-se em outras eras, algumas vezes como romano, outras vezes como nobre, que não soubera aproveitar os ensinamentos do Evangelho do Cristo, percorrendo os caminhos tortuosos da vingança e do crime. Via sempre a figura do filho Thiago que, como um anjo, o guiava pelas trilhas de luz. Tinha consciência de que resgatava erros clamorosos do passado, mas agradecia a Deus cada dia, por ter se reencontrado novamente na dor da separação de seu filho querido. Perdera Thiago, mas reencontrara em seu coração a Luz do Cristo! Compreendia que houvera necessidade da dor para despertar sua consciência e agora já era capaz de agradecer a dor bendita, que o reconduzira, qual o filho pródigo da parábola, de volta ao lar paterno. Tinha plena convicção de que Thiago estava feliz por sua recuperação. Sentia no íntimo de seu coração que Jesus se regozijava em sua glória, pois o filho que estava perdido havia retornado! Sim, todos estes acontecimentos eram motivo de alegria, de felicidade, na redenção do médico regenerado para Cristo.

Chegara finalmente o sábado. O casamento seria uma cerimônia simples no civil e, posteriormente, haveria uma reunião no Centro, onde seria proferida uma prece, para celebrar a união daquelas almas que já se encontravam unidas desde o princípio dos séculos. Felipe estava feliz, mas, como todo noivo, nervoso. Aquele era o dia com o qual sempre sonhara e se lhe assemelhava a um sonho que jamais se realizaria.

Antonina também não acreditava que finalmente iria se unir ao seu amado. Parecia-lhe um sonho, pois naquele dia estaria sepultando para sempre seu passado de angústia, incompreensão e sofrimento. Nos braços de seu amado, e junto com seu filho querido, haveria de esquecer todas as tribulações de sua vida. Auxiliada por Dona Celina, que mais parecia ser sua mãe verdadeira, seu coração transbordava de felicidade.

Exatamente às quinze horas, estávamos no Centro Espírita para a oração aos jovens. Além dos amigos encarnados, nós, do lado espiritual, também marcávamos presença. Valérius, Thiago, Dr. Flamínio, Dona Filomena, Carlinhos, além de outros amigos.

Felipe e Antonina apresentavam-se com suas auras radiantes. Suave tonalidade azulínea com nuanças de rosa envolvia os noivos. Além de Paulo e Luciana, Felipe também escolheu para padrinhos o Dr. Gustavo e Fabíola. As vibrações de paz e harmonia inundavam o ambiente saturado de luzes, tocando os corações de todos os presentes.

Chegara finalmente a hora tão sonhada por Felipe e Antonina. Respeitoso silêncio se fez no ambiente, enquanto o orador encarregado da cerimônia iniciou a prece:

"Jesus, Mestre Querido, neste instante em que todos aqui nos reunimos em oração, rogamos, Senhor, que esteja conosco mais uma vez, abençoando Felipe e Antonina, que pelos sagrados laços de amor se unem no altar da consciência. Permita, Senhor, que

Felipe e Antonina, nesta nova jornada que ora se inicia, possam ser discípulos fiéis ao Seu amor, recebendo no lar que constituem os filhos que lhes irá confiar, Mestre Querido, conscientes da responsabilidade de educá-los no amor e no exemplo cristão, conduzindo-os para o Seu seio, Senhor! Que essas sementes encontrem, no terreno fértil destes corações que se amam, condições propícias para germinarem, crescerem, darem belas flores perfumadas e, finalmente, frutos a mancheias. Que Felipe e Antonina façam do lar um santuário sagrado de paz, harmonia, entendimento, tolerância, paciência e, sobretudo, de amor e compreensão. Que possam gozar as bênçãos da alegria e se fortalecerem na doença ou nas dificuldades da vida; se permanecerem unidos e fiéis ao amor do Cristo, vencerão com Ele todas as tormentas e provações do caminho. O Senhor disse um dia: "Olhai as aves do Céu, que não plantam nem ceifam, mas o Senhor não permite que lhes falte o sustento. Olhai os Lírios dos campos que não fiam nem tecem, entretanto nem Salomão em todo esplendor de sua glória teve vestimenta mais pura e bela". Rogamos, Senhor, que tenhamos a simplicidade das aves do céu e a pureza dos lírios dos campos, pois assim sendo sempre seremos dignos do Seu amor. Que Felipe e Antonina, Mestre Jesus, possam abrir seus corações, servindo aos tristes, aos aflitos, aos trôpegos, aos mancos e aos deserdados da sorte, para que um dia sejam também recebidos na casa do Pai com o mesmo carinho com que aprenderam a amar, servir e passar, sem esperar recompensa. Abençoe-os, Pai de infinita Misericórdia, para que envolvidos no Seu amor e na Sua paz possam contribuir para um mundo melhor e, ao partirem deste mundo, com a consciência do dever cumprido, possam partir felizes, e então gozar as alegrias dos justos em Seu Reino de Glória!

A prece foi concluída em ambiente da mais pura emoção. Felipe e Antonina se beijaram, enquanto do alto caíam gotas de luz envolvendo os nubentes em tonalidades multicoloridas. Naquele beijo selavam uma promessa que havia vencido os séculos, num reencontro de amor e luz, abençoados por Cristo Senhor.

A alegria era geral. Enquanto os encarnados se confraternizavam, nós, do plano espiritual, nos abraçávamos em um ambiente de alegria e satisfação. Valérius e Thiago estavam radiantes. Nesse instante, percebi que um novo personagem adentrava o ambiente: era um espírito de aparência muito bela, envolto em suave halo luminoso. Cumprimentou-nos de forma respeitosa, aproximou-se de Felipe, abraçou-o comovido; em respeitosa reverência, osculou as mãos do noivo e da noiva. Percebi que o visitante manifestava emoção e muito apreço pelo noivo. Curioso, questionei o Assistente: quem era aquele irmão?

— Este nosso irmão você conhece de outras eras, Virgílio, recorda? Ele foi um importante general que serviu a comando de Nero na antiga Roma Imperial. Era um amigo muito estimado de Lívio Tito. Embora contrariado, mas obedecendo às ordens do Imperador tresloucado, praticou muitas arbitrariedades. Espírito endurecido nas lides terrenas, mas de princípios nobres, sofreu muito até encontrar as luzes do Cristo. Determinado, dispôs-se a iniciar as lutas redentoras de resgate de sua alma falida nas glórias transitórias do mundo de César. Preparado e amparado pela espiritualidade superior, veio em uma de suas últimas existências como modesto lavrador, lutando com dificuldades e conquistando, enfim, a humildade. Em sua última existência, veio para burilar ainda mais a abnegação e a renúncia. Reencarnou no interior de São Paulo novamente como lavrador, bóia fria. Desde cedo a tragédia se abateu sobre ele e sua família, que desencarnaram em um acidente com o caminhão que os conduzia, ficando apenas ele, inválido e esquecido de todos, sofrendo os remoques e o desprezo dos poderosos. Felipe o reencontrou na figura de Agripino, e a afinidade de ambos se manifestou, pois o rapaz se condoeu da condição do amigo que desencarnou de forma trágica. Hoje, nosso irmão aqui está para prestar sua homenagem ao amigo de outras eras.

Eu estava pasmo. Sim, recordava quem era o amigo! Aproximei-me oferecendo-lhe meu afetuoso abraço de carinho, admiração e respeito!

A cerimônia se estendeu e o dia terminava. Pedi licença a todos e retornei ao meu domicílio, na colônia. No fundo desejava ficar um pouco sozinho, meditando na grandeza de Deus e nos intrincados caminhos do espírito em suas experiências através das reencarnações, dos encontros, dos desencontros da jornada espiritual em sua trajetória evolutiva. Observando os mundos cintilantes no infinito cósmico, fechei os olhos em oração de agradecimento, recordando que os mistérios do Criador eram sábios e profundos.

No dia seguinte, pontualmente às vinte e uma horas, apresentei-me ao Assistente Valérius. Meus estudos estavam concluídos na Mansão dos Jovens e, no íntimo, um sentimento de saudade me invadia. Chegava o momento das despedidas. Valérius e Thiago me recepcionaram. Notei que ambos se apresentavam sensivelmente emocionados. O Assistente abraçou-me carinhosamente, convidando-me à oração junto aos enfermos. Atendi o alvitre, agradecido pela oportunidade com que Valérius me honrava.

Aproximamo-nos do meio do salão e todos os enfermos se postaram de forma respeitosa, enquanto eu comecei a prece de agradecimento:

— *Jesus Querido, Mestre de amor e bondade! Esteja sempre conosco, despertando nossas consciências, Senhor, para que saibamos valorizar o dom da vida, o talento da inteligência e da saúde; que possamos valorizar o tempo, construindo sempre, respeitando nosso semelhante e aprendendo a nos respeitar. Fortale-*

ça-nos para que estejamos trilhando Suas pegadas, Senhor, recordando os ensinamentos de pureza e simplicidade das parábolas que nos transmitia, quando seguíamos distraídos Seus passos na antiga Galiléia. Dê-nos, Senhor, sempre a oportunidade de servir com devoção e amar com desapego; que tenhamos o firme propósito de não olvidar Seu Evangelho, nem negligenciar nossas responsabilidades. Proteja a nossa juventude e desperte as consciências daqueles que têm a responsabilidade da paternidade, para não permitir que seus filhos se desviem do caminho reto e se percam nos desvios da dor, dos vícios e das drogas! Engrandeça em Sua obra, Senhor, os missionários do amor, que já conhecem, praticam e engrandecem Seu Santo Nome! Abençoe e ilumine nossos mentores, que já praticam a cartilha do amor e da renúncia, em favor dos irmãos que se perderam na longa caminhada! Ampare aqueles que caíram, para que possam se levantar e aprender nas quedas as lições inestimáveis para o espírito eterno! Seja conosco, Jesus querido, para que, onde quer que estejamos, sejamos sempre um Instrumento de paz e amor, agora e sempre, assim seja!

Valérius abraçou-me emocionado. Thiago envolveu-me em suave amplexo de amor e amizade. Um nó sufocava minha garganta. Eu não podia me expressar com palavras naquele momento, mas o Assistente sabia que "os Missionários", que eu havia mencionado na oração, era também uma referência a ele.

Despedi-me de cada um dos amigos da Mansão dos Jovens, recebendo na saída um ramo de lírio, ofertado por Dona Filomena, que viera também se despedir.

Afastei-me em prantos de emoção e agradecimento. No céu, as luzes em profusão das galáxias e das nebulosas, que giravam pelo infinito em seu rodopio constante, enchiam-me o coração na alegria do Pai Eterno. Uma nova missão me aguardava e, enquanto eu me dirigia ao meu domicílio espiritual, recordava a passagem do Evangelho, quando Jesus se aproximou de João Batista para receber o batismo: *Senhor, dissera João, eu não sou digno de tirar o pó de Tuas sandálias e Tu vens a mim?*

Sim, Mestre Jesus, eu também não sou digno de tirar o pó de Suas sandálias, mas fortaleça-me o ânimo, para que eu possa ser digno de Sua bondade e misericórdia. Com os olhos orvalhados de lágrimas, observei que os astros luminosos sorriam para mim na grandeza da criação de Deus!

Leia também do mesmo autor!
Sucessos do Espírito Irmão Virgílio
psicografados pelo médium
Antonio Demarchi!

ALÉM DO INFINITO AZUL

Os jovens médicos Leonardo e Otávio são companheiros de longa data. Ao passar férias na fazenda do amigo, Leonardo descobre sua verdadeira missão na Terra e reencontra um velho amor do passado.

CREPÚSCULO DE OUTONO

Dr. Augusto envolve-se em uma morte acidental em sua chácara. O instrutor Demétrius e Irmão Virgílio aproveitam o caso para fazer novos estudos sobre o aborto, a concepção de um bebê, o Carnaval e os laboratórios espirituais de reencarnação.

Você já leu os livros da médium Vera Lúcia Marinzeck publicados pela Lúmen Editorial?

EM MISSÃO DE SOCORRO
(espíritos Guilherme, Leonor e José)
Acompanhe como são feitas as operações de resgate no Umbral e nas zonas inferiores através do depoimento de três espíritos especializados na tarefa socorrista.

VÉU DO PASSADO
Kim, garoto conhecido como "o menino das adivinhações", tem a vidência aflorada. Uma cena o acompanha: a da sua própria morte. Na espiritualidade, seus poderes e mistérios serão revelados...

O ROCHEDO DOS AMANTES
Uma estranha história de amor acontece num lugar de nome singular: Rochedo dos Amantes. Intrigas, mistério e disputa de grupos desencarnados estão presentes nesta obra com um final surpreendente.

ROSANA, A TERCEIRA VÍTIMA FATAL
Suspense, morte e o reencontro de Rosana e Rafael, na espiritualidade, depois de uma série de crimes misteriosos ocorridos em uma pequena cidade do interior.

ESCRAVO BERNARDINO
História que retrata, com fidelidade, o período da escravidão no Brasil, contado pelos personagens que viveram, na carne, o domínio dos senhores de engenho.

O PEDACINHO DO CÉU AZUL
(Espírito Rosângela) – *Infantil*
Livro que fala das brincadeiras, pensamentos e sonhos da garota Liliam, uma menina cega cujo maior desejo era conhecer o azul do céu infinito.

Leia estas obras psicografadas pelo médium

Eurípedes Kühl!

ALMAS EM CHAMAS

(Espírito Josué) Romance

Uma montadora de veículos multinacional, a H&H, passa a sofrer o assédio de um grupo de espíritos desencarnados. Suspense, tensão e ternura reunidos em uma obra atualíssima própria do cotidiano capitalista vivido nas grandes empresas.

JOGO – MERGULHO NO VULCÃO

(Espírito Claudinei) Romance

Lazer, diversão, sorte, azar ou vício? Descubra as respostas lendo a trajetória de Élcio, jogador inveterado, e as conseqüências espirituais de sua viagem pelo mundo dos cassinos.

ESCRAVOS DO OURO

(Espírito Van der Goehen)

Conheça o período do ciclo do ouro no Brasil-colônia e as aventuras do português Severo Cantilhão em busca de fortuna e poder em terras brasileiras.

Você ainda não leu?

Cinco obras inéditas de ROCHESTER!
Uma série completa onde o mundo da magia,
do sobrenatural e da espiritualidade é desvendado
com o talento do grande escritor inglês e com a
psicografia da médium russa WERA KRIJANOWSKAIA.

Leia nesta ordem:

O ELIXIR DA LONGA VIDA

OS MAGOS

A IRA DIVINA

A MORTE DO PLANETA

OS LEGISLADORES